Ser terapeuta

Coleção Filosofia Clínica
Coordenador: Hélio Strassburger

Comissão editorial:
Cláudio Fernandes – Filósofo clínico / SP
Gustavo Bertoche – Filósofo clínico / RJ
Ildo Meyer – Filósofo clínico / RS
Luz Maria Guimarães – Filósofa clínica / RS
Miguel Ângelo Caruso – Filósofo clínico / MG
Rosângela Rossi – Filósofa clínica / MG
Sandra Veroneze – Filósofa clínica / RS

– *Ser terapeuta*
Rosângela Rossi

Dados Internacionais de Catalogação na Publicação (CIP)
(Câmara Brasileira do Livro, SP, Brasil)

Rossi, Rosângela
Ser terapeuta / Rosângela Rossi. – Petrópolis, RJ : Vozes, 2015. –
(Coleção Filosofia Clínica)

Bibliografia
ISBN 978-85-326-4944-7

1. Filosofia Clínica 2. Psicoterapia 3. Psicoterapia – Prática
4. Psicoterapia como profissão I. Título. II. Série.

14-12841   CDD-150.195

Índices para catálogo sistemático:
1. Psicoterapeuta : Psicologia   150.195

Rosângela Rossi

Ser terapeuta

Petrópolis

© 2015, Editora Vozes Ltda.
Rua Frei Luís, 100
25689-900 Petrópolis, RJ
www.vozes.com.br
Brasil

Todos os direitos reservados. Nenhuma parte desta obra poderá ser reproduzida ou transmitida por qualquer forma e/ou quaisquer meios (eletrônico ou mecânico, incluindo fotocópia e gravação) ou arquivada em qualquer sistema ou banco de dados sem permissão escrita da editora.

Diretor editorial
Frei Antônio Moser

Editores
Aline dos Santos Carneiro
José Maria da Silva
Lídio Peretti
Marilac Loraine Oleniki

Secretário executivo
João Batista Kreuch

Editoração: Flávia Peixoto
Diagramação: Sandra Bretz
Capa: WM design

ISBN 978-85-326-4944-7

Editado conforme o novo acordo ortográfico.

Este livro foi composto e impresso pela Editora Vozes Ltda.

*De vez em quando, em pedaços de jardins, cantos de
casa, finzinho de mundos, os tecidos, as intenções, a vida,
e o que for respiração, outras coisas também, parecem
entrar em acordo de funcionamento: sons,
cores, elementos.*

Lúcio Packter

*Minha contribuição para o conhecimento da alma se
baseia na experiência prática do homem.*

C.G. Jung

A todos que buscam consciência de si mesmos.

Agradeço aos queridos:

Lúcio Packter, que elaborou a Filosofia Clínica.
Hélio Strassburger, meu mestre na Filosofia Clínica.
Walter Boechat, meu mestre em Psicoterapia Analítica.
Partilhantes nesta jornada de amor.

Sumário

Apresentação, 11

Prefácio, 13

Encontros, 17

Jornada Aprendiz – Filosofia Clínica em ação, 41

A Filosofia Clínica em interseção com a Psicoterapia Analítica, 73

De volta ao cotidiano, 103

Indicações de leitura, 107

Apresentação

Rosângela Rossi é uma terapeuta sensível, talentosa, humana. Em seus mais de 30 anos de atendimentos, compartilhou amor por todo lugar. Seu acolhimento, cuidados e atenção à vida são conhecidos por muita gente. Agora, buscando proporcionar a um público diferenciado a sabedoria dessa mestra cuidadora, decidimos convidá-la para inaugurar a coleção de Filosofia Clínica. Nessa primeira obra, a autora oferece, com a maestria que lhe é característica, uma introdução ao processo do ser terapeuta. Um texto recheado de lições, aprendizagens, vivências e convivências, onde o leitor terá uma fonte de rara inspiração. A autora recebe em sua casa. Compartilha um café quentinho, os pães de queijo recém-saídos do forno, instigam a saborear sua estética diferenciada. Seu abraço realiza uma interseção única com quem vai chegando. Em seu coração, sua alma, sua mente, parece caber todo mundo! Seu acolhimento possui o dom de emancipar a atividade do fazer clínico.

Rosângela Rossi convida a refletir, analisar, sentir as possibilidades de conversação da Filosofia Clínica com a Psicoterapia Analítica. Os diálogos e relatos dos personagens, suas inquietudes e expectativas, ao evidenciar questões do ser terapeuta, convoca a pensar sobre a natureza do papel existencial cuidador. A importância e o significado da formação, que rimam com vocação, constituem-se de: grupos de estudo, leituras, seminários, colóquios, terapia pessoal, supervisão.

Esses escritos buscam compartilhar o saber-fazer-aprendiz do novo paradigma. Instigar leituras e releituras, ampliar o diálogo inter e transdisciplinar, qualificar a pesquisa, desenvolver a matriz metodológica pensada por Lúcio Packter. Sejam bem-vindos a essa inédita coleção de Filosofia Clínica!

Hélio Strassburger
Casa da Filosofia Clínica

Prefácio

Rosângela Rossi tomou para si um grande desafio, escrever um livro sobre as dúvidas que envolvem o terapeuta quando ele se vê diante da missão de cuidador de almas.

Ela dirigiu seu olhar para o que não se toca nas academias e institutos de pesquisa: as dúvidas e as buscas que enchem o íntimo dos que têm por tarefa ajudar as pessoas a conviver com as dores da própria alma.

O livro tem um objetivo desafiador, simples de falar, dificílimo de realizar. Ele pretende mostrar que o conhecimento da Filosofia Clínica, criada por Lúcio Packter, e da Psicologia Analítica, de Jung, tão diferentes em seus fundamentos e prática, podem conviver e orientar as buscas íntimas do psicoterapeuta. E não só essas teorias podem conviver, mas elas e muitas outras em infinitas combinações possíveis e abertas. Esse objetivo se apresenta em dois caminhos: o primeiro é o do homem comum que vive vida singular, que tem um lado escuro para ser iluminado, que vive continuamente dúvidas existenciais diante do que fazer. Sim, a vida é *o que fazer*, como dizia Ortega y Gasset. O segundo é o caminho do terapeuta desafiado a construir uma prática clínica com informações colhidas em diferentes teorias, experimentando que o mundo da vida é mais quente, intenso e maravilhoso do que nossas teorias para explicá-lo.

Rosângela Rossi traz para seu livro a experiência de psicoterapeuta testada no trabalho diário, aquela vivência que mostra que as teorias são instrumentos valiosos para os encontros, mas que esses é que são essenciais para o sucesso da clínica. É a relação respeitosa e cuidadora, que está na base da técnica, a razão maior do sucesso das psicoterapias.

O personagem do livro vive o extraordinário desafio de escutar seu íntimo como iniciação para escutar o outro, de conviver com seu silêncio para entrar no silêncio do outro, de respeitar-se para respeitar o outro.

O primeiro caminho mostra o terapeuta como companheiro de destino de todos os seus clientes ou não clientes; o segundo o obriga a resolver intimamente dúvidas e conflitos epistemológicos relacionados à cientificidade da sua prática clínica.

A cientificidade das técnicas psicoterápicas é fundamental, pois a preparação profissional representa um longo e árduo aprendizado que nunca parece completamente concluído. Essa preparação pede, em nossos dias, uma nova ideia de ciência que não é aquela do dualismo cartesiano, ou do modo positivista de ver o homem, pois hoje nem as ciências naturais podem se valer dessas antigas referências. A preparação técnica exige a aprendizagem de teorias psicológicas e das formas de atuação na clínica. Nada é feito sem esse conhecimento. A outra preparação é tão exigente quanto a primeira e aproxima o psicoterapeuta de todos os homens. Ela é dura, significa a procura do equilíbrio íntimo e singular de um modo único de ser. O psicoterapeuta tem a difícil tarefa de crescer como homem, de ganhar densidade interior, de se tornar íntimo do sofrimento da alma e das procuras e dúvidas humanas. Por isso ele aprende a ir também à literatura para encontrar relatos do íntimo do homem. Ele precisa descobrir nas palavras um instrumento para tratar o sentido. E fazer intimamente a jornada de crescimento pessoal que seus clientes são convidados a fazer em sua companhia.

Esse objetivo amplo e seus desdobramentos, de abordagem difícil, encontram na forma leve e na escrita deliciosa da autora uma maneira doce de chegar ao público. Escrito entorno às dúvidas do psicoterapeuta que terminou seu curso e tem diante de si a infinitude do outro, o livro abre-se ao grande público pela clareza da exposição e pela delicadeza da abordagem de questões difíceis. E logo enxergamos na busca do personagem o percurso de todos nós. Estamos diante da fantástica aventura de uma vida singular, mas que é ao mesmo tempo um modo de ser compartilhado com todos os outros homens. Que cada leitor avalie o quanto essa dicotomia está presente em sua vida.

O livro de Rosângela Rossi é um desafio à liberdade: da autora que construiu diálogos improváveis e do leitor ao ver-se revirando intimamente em dúvidas e procuras das quais frequentemente não se ocupa. Um movimento onde as respostas prontas não servem e só a criação de algo novo pode satisfazer.

Prof.-Dr. José Maurício de Carvalho
Chefe de departamento da Filosofia UFSJ/MG

Encontros

Eu a conheci numa manhã invernal. Caminhava entorno de um lago repleto de vitórias-régias.

O sol ainda estava tímido. As nuvens brincavam com o vento. As gotículas de orvalho eram como cristais luminosos me convidando a observar a beleza das flores que acordavam alegremente mesmo sob o forte frio.

O agasalho de lã, tecido por minha mãe, me esquentava. Sentia saudade dela, há tanto tempo não nos víamos.

O cachecol colorido, presente de uma grande amiga, veio do outro lado do mundo. Ri ao lembrar-me quando o recebi. Aliás, eu quase implorei que ela me desse, pois sua textura macia me seduzira. Ganhei por insistência. Ainda sinto o perfume da amiga que há muito não vejo. Quanta saudade de tudo e todos!

Peguei uma pedrinha e joguei no meio do lago. Percebi que as ondas criaram uma mandala, um círculo perfeito.

– Nossa! Um simples movimento faz mover tudo! Assim também acontece com nossos pensamentos – pensei.

Naquele dia meu coração estava ansioso pelo novo momento de minha vida que desabrochava. Eu me tornara psicoterapeuta. Decidi caminhar bem cedo, pois mal dormira na noite anterior de tanta ansiedade pela jornada que se iniciava.

Foi quando vi uma senhora no gramado ao lado esquerdo do lago. Ela estava sentada numa postura de lótus, concentrada, olhar fixo no centro do lago, sem se preocupar com o frio e com o movimento de pessoas ao redor. Vestia um vestido longo preto de veludo, um poncho colorido estilo inca. Sua trança branca caía-lhe sobre o ombro direito. No rosto observei seu sorriso sereno de quem estava em profunda entrega ao momento. Ela era pura atenção ao presente.

Linda mulher. Parecia um quadro inca. A paisagem e ela se fundiam. Fiquei encantado com aquela imagem inusitada. Era diferente. Era uma imagem forte e magnética, não tinha como desviar o olhar.

Fiquei a observá-la, hipnotizado, invejando sua suposta serenidade. Suposta, pois sabia que não poderia julgar sobre o que ela pensava. Porém, o que ela me transmitia era algo gostoso e convidativo à reflexão. Se a conhecesse sentaria ao seu lado naquele momento de sublime atenção.

Parecendo ouvir meu pensamento ela virou-se para mim e disse:

– Venha, meu jovem, sente-se aqui e percepcione comigo.

Olhei para o lado buscando alguém, mas compreendi que ela se dirigia a mim.

Achei estranha aquela palavra, percepcionar.

Obedeci ao seu chamado. Sentei ao seu lado com inibição e falei timidamente:

– Não sei o que é percepcionar!

Ela delicadamente me explicou:

– Apenas olhe, observe seu entorno. Sinta.

Ficamos ali um longo tempo, até que o sol começou a esquentar nossas faces.

Fiquei surpreso, tamanha a luminosidade que tomou conta daquele parque. Parecia uma mágica acontecendo. Eu me sentia sereno e um lampejo de felicidade brotou de meu coração.

– Muito prazer, meu lindo rapaz, meu nome é Flora. E o seu?

– Muito prazer, minha bela senhora, meu nome é Marcus.

Rimos um bom tempo como se desde sempre nos conhecêssemos. Naquele momento se iniciou uma grande e profunda amizade que dura até hoje. E com certeza por toda eternidade.

Foi ela que me deu força para que eu contasse nossa história de amor. Isto mesmo, amor *filia*, amor amigo. Eu com meus 28 anos e ela com seus mais de 70. Não conseguia precisar sua idade.

Com Flora aprendi o caminho que naquele momento eu buscava: ser terapeuta. Nossa trajetória não foi comum. Foi uma jornada de eternos aprendizes. Uma jornada de amor.

Sinto vontade de compartilhar esses encontros com a magia. Achados profundos de alma, de espírito. Interseção de Filosofia Clínica, Psicologia Profunda, Literatura, Arte. Uma relação que muito me enriqueceu e pode ser valiosa a todos que desejam uma vida melhor.

1

– Quer caminhar comigo entorno deste lago? – perguntou Flora carinhosamente.

– Vai ser um prazer – respondi animado em poder continuar mais um pouco ao lado daquela instigante senhora. Eu sentira algo diferente ao seu lado. Um carinho profundo. Um calor no coração como nunca sentira antes por alguém. Simpatia. Afinação. Encantamento. Ternura. Mistério. Iniciamos a caminhada em silêncio. Flora tinha uma vivacidade extraordinária.

Seus olhos irradiavam alegria e curiosidade. Ágil em sua elegância singular, tinha os passos de Gradiva. Parecia deslizar suavemente pela relva do gramado ainda molhado de orvalho.

A natureza acordava com os beijos do sol. As gotas de orvalho eram como cristais em um tapete de luz para nós. Quem sabe o rastro de um cometa – cogitei.

– Olhe, Marcus, a beleza dessa orquídea trazida pelos passarinhos. Ela não é linda? – Flora parou frente à árvore que acolhia a bela orquídea, admirava com o corpo todo aquele instante.

Balancei a cabeça, não convenci Flora do meu espanto.

– Sabe, meu jovem, precisamos aprender a olhar tudo com o coração. Nossa mente tagarela costuma impedir um encontro amoroso. Percepcione!

Novamente a palavra percepcionar... Compreendi, naquele momento, que nos últimos tempos eu só pensava e pensava. Dediquei anos à formação da psicoterapia. Estava me preparando para outra pós-graduação em clínica. Porém me sentia confuso sobre qual "linha psicoterápica deveria seguir". Senti-me perdido com as múltiplas teorias. Confuso, dividido.

– Marcus. Olhe. Olhe aquele tucano. Como é lindo! – ela apontou para aquela ave que voava de galho em galho. Senti-me envergonhado, pois não me atraía pelas coisas da natureza. Eu gostava mesmo era dos livros. Sentia-me tão distante do meu entorno!

– Não se envergonhe por não sentir a natureza como eu. Cada um tem sua singularidade. Você gosta mesmo é dos livros. Esta é sua EP – riu Flora e, mais uma vez, fiquei sem entender.

– Não se preocupe, Marcus, breve compreenderá o que é uma EP – sorriu Flora de forma enigmática.

O resto da caminhada aconteceu sem nenhuma palavra. Fiquei pensativo, estava em outro lugar. O que seria uma EP?

Subitamente ela parou em frente de uma árvore florida e lá ficou, por um longo tempo, murmurando algo que não entendi. Depois abraçou a árvore dizendo:

– Minha querida, obrigado pela beleza deste presente, meu coração ficou mais feliz hoje. Amanhã volto para admirá-la, conversaremos mais.

Pensei, por um instante, se aquela mulher não seria louca. Conversar com uma planta? Logo me percebi rotulando sua atitude. Eu tinha o hábito de julgar e classificar. Quanto mais estudava mais me sentia poderoso, especial, dono da verdade. Interpretava tudo e todos. Definia precisamente as coisas, pessoas, lugares. Vício de quem sai de uma faculdade.

Ela interrompeu meu pensamento rindo:

— Não estou surtando, meu jovem, não sou psicótica, só um pouquinho neurótica, se é que gosta de rótulos — ela riu. — Se é que conversar com as plantas seja algo tão surpreendente assim. As plantas têm sensibilidade, muitas vezes escutam mais que os homens.

Pensei nos meus prejulgamentos. Rotular era um hábito aprendido na faculdade, tipologizar era uma característica de minha profissão. Eu me tornara um profissional em apontar os defeitos dos outros, me colocar num lugar de saber/poder.

Andamos um pouco mais, num silêncio compartilhado.

No final da caminhada Flora me entregou um cartão em papel de linho branco com pequenos dizeres:

Flora – Rua das Flores, sem número

— Venha me visitar, sei que vai gostar dos meus livros — falou com um carinho que me fez estremecer.

Fiquei arrepiado, parecia que ela tinha lido meus pensamentos, sabia o quanto amava os livros.

— Farei para você uma broa e um chocolate bem quente...

Era demais. Broa com chocolate eram meus alimentos preferidos.

Será que a velha senhora era uma bruxa? E eu que não acreditava em bruxas! Mas, que elas existiam, existiam. Vi-me rindo feliz como há muito tempo não me sentia.

Fui para casa pensando, naquela manhã surpreendente, no meu encontro com Flora, a velha senhora exótica. Até cantarolei, rodopiei. Eu? Desconheci-me naquele retorno.

2

Mal dormi naquela noite, sem falar que não consegui fazer nada durante aquele dia. Só pensava no encontro matinal com Flora. Até deixei de lado os preparativos para me inscrever na pós-graduação. Eu queria mesmo era provar da broa e do chocolate quente de Flora.

Fiquei confuso. Como chegaria à casa dela sem avisar? Que hora eu iria lá?

Não tinha endereço, nem referência sobre como encontrá-la. Senti um frio na barriga. E se não a encontrasse novamente? Era ela uma miragem? Minha imaginação surtada? Ansiedade me bateu forte.

Aprontei-me rapidamente e me encaminhei para o parque, lembrei-me que ela voltaria para conversar com a árvore. Assim ficaria mais fácil encontrar o caminho. Eu precisava revê-la, não sabia bem por quê.

Meus passos eram tão rápidos que mais pareciam asas de mercúrio.

E lá estava ela, observando o lago, serenamente.

Seu longo vestido de retalhos coloridos alegrava a manhã fria e nebulosa, parecia que iria chover naquele dia. Sentei-me ao seu lado e ela nem se mexeu. Ficamos assim, de olhos abertos, admirando o lago por uma hora. Assim sem mexer... Apenas observando... Nem tempo, nem espaço. Puro transe. Nem pensamentos me tomaram. Incrível! Esvaziei!

– Bom dia, Marcus, você demorou! – Ela tinha certeza que eu estaria ali novamente.

– Bom dia, Flora, penso que vai chover! – balbuciei sem saber o que dizer.

– Vou ali conversar um pouquinho com minha amiga Manacá da Serra. Observou que hoje ela está mais florida do que ontem? Depois quer tomar um chocolate lá em casa e ver os livros? – ela disse andando rapidamente pressentindo a chegada da chuva.

– Com todo o prazer! – eu na realidade estava ansioso para que ela confirmasse o convite.

Flora, sem censura, abraçou a árvore apenas dizendo:

– Boa chuva para você, minha linda! Amanhã eu volto – deu-lhe um beijo e lhe fez um carinho suave.

Saímos rapidamente do parque, caminhamos até a ladeira, onde a casa branca de janelas amarelas com flores lilases na jardineira me encantou. Estaria eu sonhando? A casa parecia ter saído de um livro de contos de fadas. Casa de boneca!

Na porta um gato preto nos aguardava elegantemente.

– Este é Jung, meu querido amigo – disse-me ela acariciando o belo gato que me olhou de forma estranha.

Fiquei arredio, pois eu não gostava muito de gatos. Tinha medo deles. Olhamo-nos, eu e Jung, com estranhamento.

– Não se preocupe, Jung sabe se comportar. Ele é meu guardião – riu Flora, abrindo a porta.

O cheiro da broa fresca logo apareceu.

– Fique à vontade, meu caro, vou esquentar o chocolate para nós. A broa eu fiz hoje cedo para você. Ela tem queijo fresco e canela – Flora rodopiou e saiu como vento para buscá-la.

– É o que mais gosto. Como adivinhou? – perguntei assustado.

– Percepção, querido. Olhar e ver. As pessoas nos comunicam o tempo todo quem elas são. Esta é uma de minhas EPs – Flora ria do meu espanto.

Novamente a tal de EP! A minha curiosidade aumentava.

– Se isto fosse fácil todos aplicariam essa técnica em suas vidas – falei, questionando.

– Técnica? Quem falou em técnica? Falei de percepcionar. Somos singulares e cada um vê o outro através de seu próprio olhar. Se tentassem! O chocolate está pronto.

Flora caprichou na arrumação da mesa. Uma toalha bordada da Ilha da Madeira, xícara de porcelana com pintura a mão, até flores ela colocou dentro de um vaso de cristal. Era uma poesia aquele instante. Senti vontade de chorar pela acolhida daquela velha sábia.

Ela fechou os olhos como se orasse. Respirou fundo, sentindo os aromas. O longo silêncio inscreveu no espaço um poema. Poema de amor à vida.

– Delícia! Vamos comer? – ela me serviu o chocolate com uma delicadeza feminina que desconhecia. Sua idade não lhe tirava a beleza, pelo contrário a intensificava.

Comemos em silêncio. O sabor delicado encontrou minha alma. Foi quando percebi que uma música suave tocava ao fundo.

Naquele momento o quadro era perfeito. Cheiro de canela. Xícara de chocolate quente. Chuva lá fora. Silêncio dentro da sala. Coração transbordante de amor. Nunca mais esquecerei este nosso segundo encontro. Uma porta se abria. Eu pressentia. Algo se figurava. Um horizonte...

3

Flora me convidou a visitar sua biblioteca. Enorme. Não muito organizada. Livros abertos por todos os lados. No meio dela uma imensa mesa, cheia de papéis, cadernos, lápis de cor, canetas. Algumas mandalas coloridas me chamaram atenção. Alguns desenhos interessantes.

Ela sentou-se e me convidou a sentar a sua frente.

– Pois bem, pode me perguntar o que desejar, estou pronta a lhe escutar e responder-lhe – Flora relaxou no encosto da cadeira, de forma tranquila e serena.

– Eu sou psicólogo formado há pouco tempo. Tenho muitas dúvidas ainda e não sei bem que "linha" seguir. Adoro ler, estudar, mas... Sinto muita ansiedade quanto a meu futuro. Estou me preparando para a clínica, gosto da práxis, mas amo a filosofia, não sei se faço uma especialização nessa área. Estou confuso.

Flora nada falou ou respondeu. Senti apenas que me ouvia com atenção, isso me motivava a falar mais.

– A responsabilidade de ser terapeuta é grande. Tenho medo de não dar conta – murmurei, respirei fundo, continuando:

– Fiz estágio em clínicas psiquiátricas, escolas, consultórios. Colocar em prática meus estudos me confunde. Sou cheio de dúvidas. Freud, Reich, Pearls, Rogers, Skinner... São muitos caminhos. Espero resultados imediatos. Fiz algumas terapias... Falta-me algo! Compreende? Percebeu como sou ansioso? Viu como estou confuso? Desculpe, nem sei por que estou falando tudo isso, nem sei quem a senhora é. Mas, gostei de você quando a vi observando o lago. Desculpe pelo você.

Flora sorriu, continuou silenciosa a me observar com carinho.

– Acho que a senhora gosta do Jung, pois estou vendo o gato preto na porta, admirando. Não tive tempo de estudar Jung – eu respirei ansioso. – Vejo muitos livros de filosofia espalhados por aqui. A senhora é Filósofa? Psicóloga? Psicanalista? Quem é a senhora, afinal? – perguntei cheio de curiosidade.

Flora sorriu sem pressa de me responder.

– Sou apenas Flora, que ama a Filosofia, que ama Filosofia Clínica, que ama Jung, que ama Hillman, que ama Hollis, que ama Literatura, que ama Cinema, que ama Arte, que ama a Natureza, que ama Física Quântica, que ama os Gatos, que ama Cozinhar, que ama Meditar, que ama... Ama... E ama principalmente compartilhar com gente. Sou

Oceânica. Para que rótulos, títulos, credenciais? Que diferença faz? Eu sou vários, contenho multidões – ela riu e me mostrou um livreto de Walt Whitman: *Folhas de Relva*. Amo poesia e música. Amo a vida. Fiquei engasgado diante de toda aquela vitalidade. Desejei perguntar sua idade, mas não tive coragem. Ela ficou silenciosa, esperando minha fala, que não veio. Naquele instante já não me importava quem era ela, qual sua idade. Peguei o livro de Walt e li um trecho em voz alta:

> Vem, disse minha Alma,
> Tais versos a meu Corpo vamos escrever, (pois
> somos um),
> Que eu retornasse após a morte invisivelmente,
> Ou, muito, muito adiante, em outras esferas,
> Lá há algum grupo de *parceiros* retomando os
> cantos,
> (*Marcando* o solo, árvores, ventos, ondas
> tumultuosas da Terra,)
> Sempre com sorriso satisfeito poderei seguir,
> Sempre e sempre ainda reconhecendo os versos
> – como, primeiro, eu, aqui e agora,
> Assinando por Alma e Corpo, aponho-lhes
> meu nome,
> *Walt Whitman*

Flora bateu palmas de forma entusiasmada. Serviu-me mais um pedaço de broa e chocolate quente.

– Posso voltar aqui amanhã? Quero estar mais com a senhora, pois este lugar é mágico. Posso ir junto ao parque? – eu estava ansioso, nem mais sabia o que falar.

– Venha quando desejar. Teremos muito a compartilhar.

– Eu sou um buscador que ama os livros. Compreende?

Despedi-me dela com um abraço forte.

Ela me deu o livro de Walt Whitman e me disse: – Leve-o, ele é seu.

4

Passei a tarde lendo e relendo Walt. A seguir busquei o poema de Fernando Pessoa: "Saudação a Walt Whitman".

> Meu velho Walt, meu grande Camarada, evohé!
> Pertenço à tua orgia báquica de sensações-em-
>   liberdade,
> Sou dos teus, desde a sensação dos meus pés até
> à náusea em meus sonhos,
> Sou dos teus, olha pra mim, de aí desde Deus
> vês-me ao contrário:
> De dentro para fora... Meu corpo é o que
>   adivinhas, vês a minha alma –
> Essa vês tu propriamente e através dos olhos
>   dela o meu corpo –
> Olha pra mim: tu sabes que eu, Álvaro de
>   Campos, engenheiro,
> Poeta sensacionista,
> Não sou teu discípulo, não sou teu amigo, não
>   sou teu cantor,
> Tu sabes que eu sou Tu e estás contente com
>   isso!

Declamei-o com entusiasmo. Minha alma estava feliz. O gosto do bolo ainda estava em minha boca e a serenidade de Flora não saía da minha mente.

Senti ter muito a aprender com ela.

Eu desejei-lhe contar minha história. Abrir meu coração. Uma vontade que não tinha com meu antigo psicólogo. Ela me inspirava confiança.

Saí de casa à procura de um vaso de azaleia florido para levar à Flora. Queria retribuir o carinho do livro. Comprei uma caixa de bombons de licor. E uma comidinha para Jung, simpático gato preto; eu queria conquistá-lo. Ri, pois não gostava de gatos! Eles me instigavam, com aquele olhar a transpassar a minha alma.

Dirigi-me, no dia seguinte, à casa de Flora, entusiasmado por encontrá-la.

Levei um susto. Na porta tinha uma placa:

> Estou viajando, Marcus.
> Deixe a flor ao lado da porta e, os bombons, guarde-os para quando eu chegar. Terça-feira estarei de volta.
> Se desejar leia o livro que deixei na jardineira de flores na janela.
> Se o surpreender conversaremos sobre ele depois.
> Bjs Flora

Fiquei intrigado. Como ela sabia das flores e bombons? A cada dia ficava mais surpreendido. Dirigi-me à janela e vi o livro embrulhado, atrás das flores:

Filosofia Clínica – Poéticas da singularidade, de Hélio Strassburger.

Corri para casa e comecei a ler o livro com todo entusiasmo do mundo. Ah! E comi todos os bombons comprados para Flora. Era o livro que eu precisava para esse momento de minha vida. Mais tarde, compreendi sua percepção da minha Estrutura de Pensamento, através da epistemologia e busca.

Nas preliminares do livro, uma frase me tocou profundamente: "As estéticas do cuidado integram-se, na Filosofia Clínica, em um novo paradigma. Atração irresistível na mediação cotidiana das intencionalidades".

Li o livro sem dar intervalo. Fui fisgado. A Filosofia Clínica aparecia para mim, não como nova técnica ou método, mas um novo caminho a caminhar. Compreendi, lendo, que: "ser terapeuta é uma jornada de amor".

Contei as horas para o fim de semana passar logo, queria encontrar com a velha amiga sábia. Sim, já a considerei amiga, logo após o carinho de ter me avisado da sua viagem.

Uma coisa ficou certa para mim: ela era uma terapeuta filósofa, uma filósofa clínica, fazendo uma interseção com a psicoterapia analítica de Carl Gustav Jung. Fiquei meio confuso sobre como ela fazia isso. Teria jeito? Um trabalha o consciente e outro o inconsciente. Fiquei intrigado, cheio de dúvidas.

Peguei um livro do Osho, um filósofo indiano. Essa obra revirou minha cabeça, um tempo atrás. Uma frase, que havia grifado, me fez compreender Flora. Reli e refleti:

> Quanto menos você souber, melhor. Ser filósofo, dogmático, doutrinário – é fácil. Resolver um problema intelectualmente é muito fácil. Mas resolver um problema existencialmente – não apenas pensar a respeito dele, mas vivenciá-lo inteiramente, atravessá-lo, permitir-se ser transformado por ele – é difícil. Quer dizer, para

conhecer o amor, você terá de estar amando. Isso é perigoso, porque você não continuará o mesmo. A experiência o transformará. No momento em que entrar no amor, você entrará numa pessoa diferente. E, quando sair, não será capaz de reconhecer sua velha face. Agora, existe um intervalo. O homem antigo morreu e o novo surgiu. Isso é conhecido como renascimento – ter nascido duas vezes.

Eu não fui o mesmo após conhecer Flora e ler o livro do Hélio.

Subitamente a campainha tocou. Eu não esperava visita.

Para minha surpresa, não havia ninguém, apenas um envelope. Eu o abri com coração disparado. Nele estava escrito:

Filme: Frida Kahlo
às 19h no cine do shopping.

Para bom entendedor, meia palavra basta. Não pensei duas vezes. Instigante convite.

Eram 18:30h. Calcei o tênis correndo, vesti o casaco. Lá fora estava frio. Corri para o cinema.

Interessante que o filme só passaria naquele dia, parte de uma mostra sobre pintores.

Devia ser alguma das surpresas de Flora. Já começava a entender seus sinais.

5

Cheguei em cima da hora. Entrei, já estava escuro. Sentei no único lugar que sobrou.

De repente uma voz rouca falou:

– Oi, Marcus, pensei que não viria. Guardei um lugar para você. Silêncio! O filme vai começar, depois conversamos.

Olhei para o lado e vi um senhor de cabelos grandes, meio esbranquiçados. Ele me mostrou onde devia sentar, fez um cumprimento com a cabeça e olhou para frente.

Mil interrogações passaram em minha cabeça. Resolvi assistir o filme com atenção, deixar as dúvidas para depois. O filme bateu como um tapa em minha alma. Derramei lágrimas pela dor de Frida. Que mulher! Que coragem! Que expressão. Apaixonei-me por ela e por sua obra. Rivera, seu amante, pintava os murais como via o mundo. Ela pintava sua subjetividade, as emoções.

Quando as luzes acenderam, a voz novamente falou:

– Vamos tomar um café, Marcus?

Caminhamos em silêncio até a cafeteria do *shopping*. Sentamos num canto, que dava para um jardim. O senhor de cabelos grisalhos se apresentou:

– Muito prazer! Sou Lucas, amigo de Flora. Ela me disse que você gostaria desse filme. Tomei a liberdade de convidá-lo para conhecer a vida de Frida. Espero que tenha gostado.

Eu estava sem palavras. Fiz que sim com a cabeça.

– Eu amo cinema. Muitas de minhas angústias existenciais foram resolvidas com as reflexões dos filmes. Essa é minha semiose preferida, minha forma de expressividade. Ah! Quem sou eu? Um filósofo como Flora. Um filósofo clínico. Um terapeuta como você.

– Filósofo clínico? Interessante! Estou curioso para conhecer mais sobre esse caminho do ser terapeuta. Não ouvi falar disso na faculdade. Pena que a instituição desconheça muitas abordagens inovadoras! – falei com vontade enorme de saber mais. As novidades sempre me motivavam.

– Depois falaremos sobre isto. Deixe Flora chegar, assim caminharemos com você. Vamos falar sobre o filme? O que mais o tocou?

Ele era um homem sereno, olhos azuis com algumas rugas expressivas. Olhava-me nos olhos, transmitia uma confiança serena.

Decidi falar, sem me censurar:

– A coragem e a liberdade de Frida me fizeram, por instantes, romper com o instituído em mim. Identifiquei-me com suas transgressões, sua coragem de ser por inteiro. É essa coragem que busco, para caminhar, lado a lado, com os prisioneiros das suas convicções. Quero resgatar a intensidade e a força, seguir o caminho de minha alma plural. Compartilhar as incertezas, dores, angústias e alegrias. Na realidade, preciso viver sem medo o meu Dioniso. Quero reinventá-lo, tirá-lo das grades impostas por esse mundo "coisificado". Esses dias têm sido uma caixa de surpresas para mim. Flora, Hélio, Frida e agora você, Lucas, surgiram como um raio de luz, como se tivessem ouvido meu grito, como no quadro de Much. Desejo, como diz Strassburger:

Perseguir outros lugares, inaugurando uma epistemologia das margens para decifrar o fenômeno humano internado nos subúrbios.

– Ah! Encontrei outro livro dele: *Pérolas Imperfeitas: apontamentos sobre as lógicas do improvável*. Fantástico! Lucas me olhava, com escuta carinhosa e terna. Sentia que me escutava com atenção, interessado por mim.

Fiquei feliz em poder falar sobre minhas dúvidas, assim continuei:

– Quero ser terapeuta na clínica, ser um caminhante peregrino, compartilhar, trilhar lugares desconhecidos. Quero, com as pessoas que me procuram, desvendar seus conflitos, anseios, dúvidas, dialogar numa busca aprendiz. Já expus para Flora meu desejo caminhante.

Lucas iniciou sua fala mansa e suave, sem pressa ou pedantismo:

– Percebo que sua busca aprendiz já se iniciou. Mais importante que "uma especialidade" a seguir, é você refletir sobre o que representa: ser terapeuta. Essa questão de "linha" acaba sendo uma tipologia que separa, traz competição. Tenho percebido um jogo de poder entre as várias correntes terapêuticas. Onde ficamos enquanto desejantes? Onde fica a pessoa que nos chega? Percebo que muitos clínicos tentam encaixar as pessoas num modelo preestabelecido, esquecendo o fenômeno diante de si. Encontrei, na Filosofia Clínica, a capacidade de diálogo com as várias abordagens. Ela não fecha, ao respeitar a singularidade, abre a possibilidade de ser terapeuta.

Respirei aliviado, pois ele traduzia em palavras meus pensamentos, minhas buscas para o exercício da clínica.

– Lucas, tenho estado bem-angustiado. Preciso me definir no exercício de ser terapeuta. Aprendi muitas coisas na psicologia, mas sinto faltar algo e não sei o que é. Penso de forma mais holística, filosófica. Não conheço nada da Filosofia Clínica... Aliás, o livro do Hélio Strassburger me instigou e explicou algumas coisas que me tocaram muito, me convidou a querer aprofundar nesse caminho.

– Marcus, realmente as muitas possibilidades terapêuticas acabam nos angustiando. Compreendo sua ansiedade. Cada um deve descobrir por si mesmo qual caminho trilhar. Eu escolhi a Filosofia Clínica, Flora a Filosofia Clínica e Psicoterapia Analítica. Proponho nos encontrarmos para conversar sobre o ser terapeuta. O que acha? Temos muitas experiências a compartilhar. Estamos abertos a cooperar.

– É tudo que desejo! Bacana mesmo! Quando? Obrigado, Lucas – fiquei impressionado com a disponibilidade amorosa deles.

– Aguarde, você receberá nossa mensagem. Em breve nos encontraremos com uma proposta de estudo e práxis.

– Vou continuar lendo o novo livro do Hélio Strassburger, está me instigando.

– Vamos tomar mais um café. Em breve nos reencontraremos. Prazer em conhecer você, Marcus, meu jovem! – Lucas bateu com carinho no meu ombro.

Caminhei pensando em Frida Kahlo, em Rivera, em Lucas e Flora. A singularidade deles dançava em minha mente. A coragem de Frida para lidar com sua dor física e ressignificar em arte. Sua liberdade. Seu amor livre com Rivera. O desprendimento de Flora, agora a chegada de Lucas. A vida tem seus mistérios e, apesar de ser trágica, nos torna aprendizes. Basta estarmos abertos para experimentá-la.

Caminhei sentindo o vento frio da noite, meu coração pegava fogo de entusiasmo. Era amor fluindo, assim... Comprei pipoca, cantei pelo caminho. A vida é simples para quem se entrega. Eu estava entregue!

6

Cheguei em casa e comecei a leitura de *Pérolas Imperfeitas – Apontamentos sobre as lógicas do improvável*. Fui anotando cada detalhe. Absorvendo a poética numa profundidade rica, motivadora.

Senti um frio na barriga. Uma responsabilidade de compartilhar com o outro. Eu estaria preparado para a jornada que me propunha?

Percebi um longo caminho pela frente.

Meu desejo foi tomando forma. Esperava ouvir a experiência prática da Flora e do Lucas. Sentia se abrir um novo horizonte com a Filosofia Clínica.

Lembrei-me das palavras de Lucas na saída do cinema: o essencial é a pessoa, não a teoria. Os jogos de poder atrapalham o essencial: ser terapeuta de corpo e alma.

Minha cabeça estava tão cheia de teorias, métodos, pode e não pode, deve e não deve, regras, normas. Estava preocupado comigo, com as teorias, a última coisa que pensava era na pessoa. O outro a minha espera. Me procurando, contando comigo. Preocupava-me apenas com minha vida profissional, a "linha" a seguir, os métodos e técnicas, as proibições das éticas normativas. Saí da faculdade reduzido, castrado, sem esperança, com medo, inseguro...

Adormeci mais relaxado. Aguardaria o tempo certo, quando Flora e Lucas me chamariam.

Acordei com a campainha. Era um menino de boné, trazia um bilhete. Ele riu para mim, pegou sua bicicleta e saiu sem olhar para trás.

Abri ansioso o bilhete:

> Amanhã cedo estarei no parque.
> Se desejar, nos encontrará lá!
> Provavelmente Lucas estará nos esperando.
> "Não consigo compreender para os outros.
> Só na desordem de meus sentimentos é
> que compreendo para mim mesma e é tão
> incompreensível o que eu sinto que me calo e
> medito sobre o nada". Clarice Lispector.
> Boa noite!
> Flora

Meu coração disparou. Pressentia, naquele encontro, o início do meu *ser filósofo clínico*.

Custei a dormir novamente. Sonhei.

No sonho subia a escada de uma pirâmide. Em cada lado uma divindade a cumprimentar com reverência. No topo, uma luz forte impedia ver quem estava lá. Era muita luz, tive de parar bem antes de chegar. Eu sentia que não estava preparado para ver.

Acordei com uma sensação perturbadora. Não tentei interpretar o sonho como sempre fazia. Apenas registrei.

No banho, ouvi uma voz dentro de mim, dizia: – *Chegou a hora de ver e compreender. Confie!*

Ri, me permiti enlouquecer. Os últimos dias estavam me desconstruindo. Senti-me pronto para ser filósofo clínico. Tornar-me um aprendiz.

Jornada Aprendiz

Filosofia Clínica em ação

1

O local onde encontraria Flora era o *campus* da Universidade Federal em Juiz de Fora, antes de o sol nascer e ainda sem agitação, às margens do lago, no portal de entrada. Eu amava esse lugar, sua paisagem, apesar do escasso tempo para apreciar e vivenciar toda sua beleza. Via as pessoas caminhando, animadas, por seu entorno. Eu nunca havia feito algo assim, por falta de tempo, vontade. Porém naquele dia era tudo que desejava, andar por ali com Flora e Lucas, beber de seus ensinamentos sobre Filosofia Clínica.

Quando cheguei, Flora e Lucas meditavam, fixados no lago, sem se preocupar com as pessoas transitando aos primeiros raios do sol. Fazia muito frio, era inverno. No seu auge. Eu estava de luvas, cachecol. Tremia como vara verde. Ao soprar saía fumaça. A névoa estava bem baixa.

Aproximei-me e sentei ao lado dos dois, não sabia o que fazer. Nunca meditara. Achava aquilo meio doido, de gente estranha. Tudo eu julgava, criticava. Acreditava que era superior àquilo tudo. Mesmo tendo lido alguns livros do Osho, emprestado de uma amiga, ela tentava me convencer a conhecer o caminho zen. Negava categoricamente. Eu queria ser um intelectual engajado, politizado. Só queria "papo cabeça", coisas afins.

Enquanto os dois meditavam, a tagarelice tomou conta da minha mente. Até que algo dentro de mim disse: – *Chega! Silencie!*

Estranhei aquela voz me censurando. Outra fala interna perguntou:

– *Como silenciar?*

– Apenas observe sua respiração, os pensamentos! – falou Flora como se ouvisse minha agitação interior.

Assim ficamos por meia hora. Não vi o tempo passar.

– Bom dia, Lucas! Bom dia, Marcus! Vamos tomar um chá? – Falou uma animada Flora a remexer na cesta de piquenique.

Ela tirou três canecas, uma garrafa térmica, uns pães de canela.

– Vocês devem estar com fome, pois esse frio convida. O chá de hibisco está bem quentinho e os pãezinhos também! – Tem requeijão aqui – disse, partilhando a comida.

Não era apenas uma refeição para o corpo, sentia ser alimento para a alma.

– Pois aqui estamos, Marcus, para conversar sobre nossas ideias sobre: ser terapeuta. Sabemos de sua vontade de aprender Filosofia Clínica. Antes, precisamos pontuar alguns temas importantes. Eu e Flora conversamos sobre isso e gostaríamos de compartilhar com você, aceita?

Apesar de toda minha ansiedade em iniciar os estudos, sabia que precisava ouvir o que tinham a dizer:

– Estou pronto a ser aprendiz! A entrar nessa jornada! – disse com plena convicção, numa decisão saída do meu âmago.

– Teremos alguns encontros onde falaremos sobre a Filosofia Clínica. Depois o convido a fazer um curso sobre o tema. Mas, primeiro, vamos entender alguns pontos superimportantes sobre a jornada do ser terapeuta, o significado da relação com o Outro. Sabemos que a alma se faz na relação com o Outro – explicou Lucas com um carinho gostoso, instigante, acolhedor.

Flora iniciou:

– Vamos entender a palavra "terapeutas". A tradição judaica dos terapeutas é desvelada pelo filósofo Fílon de Alexandria. Eles eram hermeneutas, interpretavam o Livro das Escrituras, a essência da natureza, do coração, os sonhos, os acontecimentos da existência. Isso foi no início da Era Cristã. Eles postulavam uma antropologia não dual, vendo o ser humano como uma totalidade, corpo/mente/espírito.

– Os terapeutas tinham a função de cuidar. "Cuidar do que não é doente em nós, do Ser, do Sopro, que nos habita e inspira", explicou Roberto Crema – disse Lucas completando.

– Leloup escreveu: "No tempo de Fílon o terapeuta é um tecelão, um cozinheiro; ele cuida do corpo, cuida também das imagens que habitam em sua alma, cuida dos deuses e dos logoi (palavras) [...]. O terapeuta cuida também de sua ética [...] que cuida do outro [...]. O próprio nome desses filósofos, os assim chamados terapeutas, revela seu projeto... cuidar do Ser". Fico encantada com o significado do ser terapeuta professado por Fílon. Por isso compreendo o ser terapeuta como: uma jornada de amor. Olhem o que eles pensavam: "Aqueles que se tornaram terapeutas não o fazem por costume, por exortação ou solicitação de outrem, mas impulsionados pelo amor divino. Como bacantes e coribantes, são tomados de 'entusiasmo' até encontrar o objeto de desejo. Desejo de imortalidade e vida bem-aventurada". – Flora brilhava cada vez mais ao traduzir-se no ser terapeuta.

– Encontrei na Filosofia Clínica todo esse amor. Os terapeutas, como os filósofos clínicos, são prudentes, apaixonados pela filosofia, aplicam-na no cuidado com o outro. A Filosofia Clínica procura qualificar uma relação de interesse mútuo, empatia, confiança, colaboração entre partilhante e clínico. O Professor José Maurício de Carvalho escreveu: "A prática clínica mostrou que a interseção é fundamental para se chegar a resultados importantes na clínica. O domínio correto da técnica sem a interseção não produz os resultados desejados, embora uma interseção maravilhosa sem direcionamento clínico também não os produza".

2

– Estar por inteiro com o outro. Qualificar a escuta. Sem julgamentos, interpretações. Respeitando a singularidade – Flora falou expressando com as mãos o sentimento que brotava de seu coração. Amor se torna o caminho do ser terapeuta.

– Muitas vezes, ao querer ensinar as nossas verdades, esquecemo-nos do mais importante: escutar o que o outro tem a dizer, qual o aprendizado em sua caminhada existencial. Quando ele fala, conta sua história, ele pode ir se ordenando, refletindo, tirando as próprias conclusões. Nosso papel inicial é acolher, ouvir, sentir. Sabemos do poder da cura pela fala – disse Lucas, olhando bem nos meus olhos.

Ficamos em silêncio, nos olhando, admirando, sentindo. Apesar do frio, ali perto do lago, o calor humano nos aquecia. Não queria que o tempo passasse. Eles eram pura doação. Escutaram meus anseios, minhas dúvidas, o grito de minha alma. Mil perguntas me tomavam a mente:

– A gente aprende tantos: "não pode isso" e "não pode aquilo" na faculdade. Assim nos engessamos, pela insegurança de uma entrega na relação. Muitos medos são colocados, agendados. Ensinam a não nos envolvermos, a mantermos a neutralidade, o distanciamento e assim por diante. Esquecemos as pessoas em sofrimento diante de nós, em busca de algo que ainda não sabem, ou não possuem os meios para obter. Tem horas que me sinto um robô na frente do Outro. Com medo de errar, esqueço-me dele... – falei com determinação.

– Saiba, Marcus: quem não se envolve não se desenvolve. O terapeuta que fez sua preparação criteriosa, incluindo a clínica pessoal e a supervisão, poderá visualizar melhor os movimentos da terapia. Poderá desenvolver o bom-senso, para estar com o Outro por inteiro, de uma forma amorosa, sincera, verdadeira. Estará todo o tempo se analisando. Isto mesmo! Os terapeutas encontram-se continuamente em processo. Cada novo partilhante será nosso mestre. Ele nos indicará quem é, a sua jornada, quais são seus desejos e anseios. Na Filosofia Clínica fazemos os Exames Categoriais, eles auxiliam, fundamentam a caminhada – explicou Lucas.

– Medo de errar... Vamos pensar sobre isso. Normas, regras, classificações sobre verdades são tão perigosas! Se há a singularidade, há múltiplas formas, jeitos de ser e vir a ser... Universalizar comportamentos é profundamente arriscado. Imagine pensar um modelo de homem, a partir daí colocar todos na forma. Mesmo peso, altura, gosto, preferências, tudo... Seremos robôs de uma produção em série; servindo a quem e a quê? – Flora falou com seriedade.

– Admirável mundo novo! – falei.

– Isto mesmo! Belíssimo livro de Huxley! Existe um desejo de colocar todos iguais. Nossa diferença tenta garantir nossa humanidade. Cada um é um! Não devemos esquecer isso! Somos humanos, nisso somos iguais! No entanto, a existência é múltipla, nós somos múltiplos! Compreende a ameaça de se colocar regras gerais em comportamentos? – questionou Lucas.

Flora nos serviu chá novamente. Ficamos quietos saboreando a bebida. A minha mente esvaziou. O cheiro do chá tomou conta do instante.

– Singularidade... Observação... Escuta... – balbuciou Flora, quase a cantar.

– Amor! – Cantou Lucas

– Liberdade! – falei expressando uma força que veio de dentro de minha alma.

Flora entregou para nós um texto que apresentara num Colóquio de Filosofia Clínica em novembro de 2007 em Juiz de Fora.

Quando o silêncio tudo diz

Usar palavras para falar sobre o silêncio poderá parecer mais uma das tagarelices epistemológicas. Lembrei-me, então, de uma frase de Rubem Alves: "Falamos palavras a fim de não ouvir a palavra que brota do silêncio". Como falar do silêncio com palavras senão convidando a todos a um instante de silenciar.

Sei que se torna quase impossível falar do silêncio, pois é do próprio silenciar que surgem as palavras. O silêncio não é mudez, nem verbalização que se cala. Nosso eu superficial precisa calar e se acalmar sem a ansiedade do ter que fazer e dominar.

Silenciar não é fugir da vida, pelo contrário, é fluir na plenitude da vida. Silenciar é mergulhar na existência a fim de colher da vida tudo que ela nos oferece de sublime. Silenciar é comungar com tudo e todos. Silenciar é graça e beleza gratuita.

"O silêncio puro fica para além das palavras, dos sentidos, das ilusões; o silêncio verdadeiro inaugura-se logo que o eu superficial desfalece", diz Moratiel. O silêncio diz muito mais que alguém pode dizer. As palavras podem limitar, enquanto o silêncio pode revelar.

O silenciar nos convida ao caminho da não palavra, sem julgamentos, interpretações, previsões e conjecturas. Por isto transforma-se numa grande rebelião contra nossa desordem própria.

Quando silenciamos derrubamos muros que nos separam da vida, pois o silêncio não é prisão, mas sim um respirar livre e profundo. Assim posso conectar com meu eu interior, pois muitas vezes não sei o que sou. Silenciando posso possuir-me e saborear-me.

Não basta calar a boca para que o silêncio aconteça. Estamos cheios de gestos, de ruídos interiores, tagarelices. Muitas vezes pegamos um livro, ouvimos uma música, quando o silêncio se apresenta. Não é só a palavra que emudece. O repouso precisa ser absoluto. Importante calar o corpo, imobilizar até as células.

O silêncio brota do coração. Ele acontece naturalmente da consciência unificada. Não tem como impormos o silenciar. Podemos sim treinar o aquietar corpo e psique.

Para mim, silenciar é *primeiro esvaziar*. Esvaziar as palavras que transitam pelos pensamentos. Como é difícil esvaziar! Meditação é a tentativa de esvaziamento. Não mais brigar com as palavras do pensamento. Ser apenas observadora sem interpretações e julgamentos.

No cotidiano agitado, sedutor, midiático, se não treinarmos bastante o aquietar ficará difícil experimentar o silenciar que é uma atitude natural do humano. Fomo-nos perdendo frente aos excessos de sons e palavras. O silêncio não se compreende, pratica-se, pois é ação.

Agora, por exemplo, estamos calados, mas as palavras se fazem presentes e distanciam o silenciar. "O silêncio é tarefa artesanal. É arte de aprender a estar onde se está. É uma atitude que exige de nós toda a atenção. É uma espécie de entrega e oferta à presença."

Quando o silenciar acontece, perdemos a necessidade de procurar seja o que for. Silenciar é um encontro com o vazio que nada mais é que nossa plenitude. Não alcançamos o silêncio com conceitos. Não temos nada a esperar, mas apenas que acolhê-lo.

O silenciar nos faz apreender através de tudo que é dito. Existem mensagens indizíveis. Se nos prendermos à palavra expressa corremos o risco de perder o essencial da unidade profunda que a diversidade das palavras tenta mostrar.

Sair da banalidade e da velocidade grotesca não é tão fácil assim. Até a filosofia torna-se muitas vezes instrumento de barulho.

Perseguindo os rastros do silêncio fui passando por práticas orientais e fui conduzida ao filósofo Plotino. Em Plotino a busca do silêncio se revela e muito nos orienta ao mergulho. Ele nos revela a distância entre o Um e a existência. Com ele, aprendi que a "busca do silêncio" só é burburinho e que o silenciar é a única via para o silêncio, pois silêncio é presença que ocupa todos os lugares não estando ausente de nada. Nós é que não nos colocamos no lugar de percebê-lo. Plotino não fala do silêncio, mas nos conduz a ele.

Segundo Plotino é importante a prontidão para a escuta, que depende de nossa disponibilidade em nos livrarmos de todos os demais sons, a fim de escutar o som que vem do alto – o silêncio. O silêncio em Plotino é caminho. Tudo nasce do silêncio, as formas, a alteridade e o movimento. Ele diz: "O universo produz seu objeto no silêncio. A natureza é uma contemplação do silêncio".

Para fins didáticos penso nos silêncios que encontramos em nós e nos outros.

Existem silêncios que não brotam do coração, são os falsos silêncios:

• *Silêncio do medo:* quando nos sentimos coagidos, tímidos, sem saber o que falar. Inseguros sobre como e o que falar.

• *Silêncio da angústia:* sufoco e peito apertado. Muitas vezes não há o que falar por se estar confuso interiormente.

• *Silêncio da culpabilidade:* evito falar porque me preocupo com o que vão pensar... Evito falar porque vão me culpar...

• *Silêncio da debilidade:* não sei o que dizer. Calo por impotência.

• *Silêncio da indiferença:* sinto-me aborrecido. Estou alheio a tudo. Não me importo com nada; nada me interessa.

• *Silêncio da inveja:* acabam os elogios, apoios e comentários positivos que dão entusiasmo. Silêncio perigoso, pois tenta destruir o outro.

- *Silêncio do orgulho:* sinto-me melhor do que você. Coloco hierarquia.

Estes silêncios nos adoecem e vão matando a comunicação.

Mas há os silêncios positivos:
- *Silêncio da humildade:* silêncio do respeito. Ouvidor. Acolhedor. Amoroso.
- *Silêncio da admiração:* silêncio da atração. O olhar diz tudo. Os gestos revelam.
- *Silêncio maravilhado:* silêncio do encantamento. Se perguntarmos algo se quebra o silêncio. Silêncio da criança, pureza simples.
- *Silêncio da alegria:* coração pulsante. Felicidade. Êxtase.
- *Silêncio do amor:* silêncio da pura comunhão. Olhar que tudo revela. A presença que preenche tudo.

Silenciar no encontro com o outro
Outro que está à minha frente. O silêncio meu e o silêncio do outro. Primeiro encontro. Desconhecidos um para o outro. O outro ansioso por saber se pode compartilhar com ele de suas dores, angústias e dúvidas. E eu no silêncio que espera, espera ouvir. Silêncio acolhedor. Silêncio sem a onipotência do saber/poder. Silêncio de quem quer realmente estar com o outro por inteiro. Silêncio que olha sem julgamento. Silêncio aprendiz.

Silêncio que ensina sobre o outro à minha frente. Silêncio que permite o outro se pensar e se sentir.

O meu silêncio no encontro com o outro é exercício de muito treinamento. Treino de se esvaziar das vaidades e dos orgulhos. Treino de se esvaziar das teorias e regras. Treino de não tentar colocar o outro dentro de regras e normas preestabelecidas. O outro não é uma coisa, mas gente muitas vezes sofrida e em dor. Treino de se fazer ouvidor de almas. Treino de amar o humano na sua singularidade.

O silenciar na escuta, sem interpretar, ouvir. Quanto treino se faz necessário! Escutar não só com os ouvidos, mas com o coração e corpo inteiro. Silenciar na escuta atenta de cada palavra, gesto e sentimento que brota do outro à minha frente. Eu, vazia dos meus pensamentos, aberta ao outro que anseia por falar de si. Pura escutatória.

No exercício de aprender a ser terapeuta, quantas vezes me encontrei tentando interpretar? Quantas vezes caí na armadilha de buscar uma solução para o outro? Quantas vezes parei de ouvir o outro e fiquei a voar em meus pensamentos? Quantas vezes agendei e enraizei? Cada vez que percebia que longe estava da minha proposta de silenciar e escutar o outro, mais ia aprendendo o ser terapeuta. Fui me libertando da culpa de errar na compreensão de que a jornada do ser terapeuta é longa, com esforços múltiplos e treino contínuo. Na vida é a mesma coisa. Com amigos, com filhos, com o amante...

Na jornada de ser terapeuta fui compreendendo que *o silêncio diz muito.*

Silêncio como pausa no convite à escuta plena

Mas não precisa ser terapeuta para aprender a grande arte de silenciar, escutar e encontrar o outro. Este é o grande segredo do amor. Este é o grande segredo da vida viva. No esvaziar e silenciar ia cada vez mais mergulhando no labirinto junto com o outro. Mergulhando em suas palavras e em suas pausas. Junto com ele caminhando em parceria, possibilitando o outro a se ouvir e se compreender. Tornando-me um espelho por onde ele, o outro, refletia sua historicidade, sua vida. Belo desafio este de compartilhar dores e alegrias! Silenciando e ouvindo.

No silêncio do encontro com o outro vou me permitindo:

• Estar com o outro por inteiro.

• Consciente que o outro quer ser ouvido e compreendido.

• Coração aberto.

• Mente observadora.

• Humildade de aprendiz.

• Vazia de mim.

• Perceptiva ao corpo, que no seu silêncio diz muito.

No silêncio, pura escutatória. Rendo-me ao outro. O outro vai me ensinando os caminhos que vou trilhar com ele. Neste instante não há teoria, não há regras, nem normas, há apenas *o silêncio que tudo diz.*

Ah! Mas quando o outro silenciava, quanta ansiedade brotava em mim. No início queria por palavras para fugir do vazio e do incômodo do silêncio. A ansiedade não permitia deixar o silêncio do outro acontecer. Só mais tarde fui compreendendo que era exatamente neste silêncio que brotavam as estranhas palavras que precisavam ser ouvidas.

O silêncio, muitas vezes, incomoda, pois traz à tona palavras que se escondem e fogem, para não ser ouvidas. Fugimos, muitas vezes, do silêncio para não confrontar com a realidade. Tagarelamos para ludibriar as verdades que nos fazem doer.

O silêncio do outro pode estar dizendo dos seus medos, de sua timidez, dos seus disfarces, do seu desinteresse, de suas repressões e de suas mil e uma coisas difíceis de revelar para si mesmo, quanto mais para um estranho – terapeuta – à sua frente. Ou o silêncio pode ser um grande desafio. O silêncio pode dizer muitas coisas que as palavras não conseguem dizer. Este silêncio pode falar da profunda angústia ou do profundo amor.

Este é um dos pontos mais delicados do encontro, pois interpretar pode destruir toda a magia do encontro. Cria uma distância. A interpretação pode agendar e destruir a possibilidade do outro se descobrir.

Nos encontros devemos prestar atenção para:

O silenciar-ausência

• Silenciar teatral, que é fingido pela técnica aprendida.

• Silenciar medo de se revelar.

• Silenciar desinteresse; o que o outro fala é monótono para mim.

O silenciar-máscara

• Silenciar no calar as palavras, mas as expressões falam o não dito.

• Silenciar com rosto boneco de cera que tenta esconder sentimentos e pensamentos.

• Silenciar falsas expressões.

O silenciar-inteireza

• Silenciar natural, puro interesse.

• Silenciar coragem de deixar vazios no fluir angústias.

• Silenciar interesse verdadeiro pelo outro.

• Silenciar amoroso do gostar de gente.

Como se torna perigosa a tendência interpretativa diante do silenciar do outro!

Onipotência. Vale aqui a lembrança do nosso velho sábio Sócrates: "Só sei que nada sei". Diz Fernando Pessoa: "Ué, sei eu?"

Que sei eu do outro à minha frente? A história de cada um é única. Não posso reduzir o outro a uma tipologia como se fosse "coisa" a ser catalogada.

Cada um é um mistério a ser revelado. Cada um é um enigma a ser decifrado.

Cada um é humano a ser compreendido. Que direito tenho eu de invadir o espaço do outro com meu saber/poder?

Só nos resta agora silenciar. Respirar fundo e sentir as vastas possibilidades que a quietude pode nos oferecer para qualificar não só nossa vida, mas os encontros com os outros.

O silêncio é um caminho
- Caminho do encontro verdadeiro e pleno.
- Caminho da psique.

Silêncio é encontro
- Encontro sublime do eu comigo mesmo.
- E do meu todo entregue ao outro.
- Outro que pode simplesmente ser agora: você!

3

Aplaudimos com reverência a fala de Flora. Estávamos sem palavras. Depois de guardar os apetrechos do lanche, levantamos. Peguei o cesto e começamos a caminhar. Andar lento, sem rumo. Simplesmente andar. Peripatético! Silencioso. Compartilhado.

– Por que se busca uma terapia? Para quê? – soltou Flora, sem se preocupar com a resposta.

Andamos um longo tempo em silêncio.

– Somos incapazes de resolver nossos conflitos existenciais? – perguntou Flora, sem olhar para nós.

Não houve resposta. O sol ia chegando de mansinho. As árvores espreguiçavam.

Os pássaros sobrevoavam, festejavam em busca de alimento. Os carros iam passando em direção ao centro. A cidade acordava.

– Querem sentar ali embaixo sob aquele Manacá da Serra? – novamente, Flora convidou, apontando a frondosa árvore, típica da região.

Acenamos com a cabeça e caminhamos na direção indicada. Eu tentava responder as perguntas de Flora. Não queria as respostas que sempre se ouvia: "busca-se terapia quando não se consegue resolver sozinho suas questões... Busca-se terapia quando estamos em sofrimento... Busca-se terapia quando queremos nos conhecer melhor... Busca-se terapia quando queremos ajuda para resolver um problema... Busca-se terapia porque não se está dando conta de lidar com as questões da vida... Busca-se terapia para vencer o medo, a ansiedade, as dores da alma, enfim..." Essas respostas seriam incapazes de dizer por que se busca uma relação de ajuda. Tentei responder em voz alta:

– Busca-se uma terapia pela importância da relação, do encontro para dialogar, melhor compreender os acontecimentos, as circunstâncias, nosso ser no mundo, nós mesmos!

– Fazer a alma e não buscar soluções mágicas! No primeiro momento se deseja libertar da ansiedade, do conflito, mas com o tempo pode-se descobrir a importância de ir fundo nas contradições, na dor, tentar identificar e tratar as causas disso tudo. Mergulhar na confusão de sentimentos, nos pantanais da alma, se conhecer verdadeiramente. Longa jornada! – respondeu Flora.

– Pois este é um ponto delicado. Afino-me com a Filosofia Clínica por ela, no início da jornada, propor um norte organizador, um chão por onde se caminhar, são os *Exames Categoriais*, de onde, a partir da *Historicidade*, pode-se alcançar e compreender a *Estrutura de Pensamento* (EP) do partilhante, os *submodos* (modos de funcionar com) intimamente relacionados à sua singularidade, por onde se pode caminhar com o outro em busca de um bem-estar subjetivo, uma resposta sustentável! Depois, a Jornada da Alma se faz necessária para as pessoas que desejam seguir adiante, ir mais fundo em sua busca existencial. Nesse instante, o caminho analítico é profundamente rico, sem perder a base estruturante da Filosofia Clínica. Esse casamento entre a Filosofia Clínica e a Terapia Analítica me parece bem-articulado. É assim que eu e Flora atuamos. Sabemos que qualquer terapia poderá tê-la como base estrutural. Cada terapeuta poderá fazer sua interseção. Se você escolher, por exemplo, a Terapia da Gestalt ou a Terapia Existencialista, a Terapia Cognitiva Comportamental e outras – explicou Lucas com alegria, demonstrando segurança, respondendo, a seguir, as perguntas de Flora:

– Não devemos reduzir a uma só resposta a motivação para a terapia. As razões podem ser tantas quantas são as pessoas. Todas válidas. Somos seres de relação e, como tal, precisamos de espelho para ver melhor. Com o ego inflado podemos nos achar capazes de resolver tudo sozinhos... Esquecemo-nos da nossa sombra, assim, podemos nos boicotar o tempo todo. O terapeuta, tanto filósofo clínico quanto analítico, pode auxiliar a não cairmos nessa emboscada.

– Por que um amigo não pode fazer este papel? – pergunta Flora.

Lucas respondeu: – A relação pode chegar à amizade com o tempo. Porém, esse é um ponto importante. Pouco sabemos sobre a amizade. Pensamos num amigo como alguém que tem de estar o tempo todo disponível para nós.

E aqui entra uma diferença significativa: o terapeuta tem um tempo determinado (a hora-clínica) para a jornada com o outro. Este encontro com distanciamento é importante para que o outro possa realizar seus ensaios com maior autonomia. Uma ou duas horas por semana costumam ser um bom começo... Isso é lindo! O caminho, embora solitário, pode ser compartilhado.

– Não podemos cuidar de amigos? – perguntei curioso.

– Relativo. Existem profissionais que sabem separar isso muito bem, vai depender de sua estrutura de pensamento. Outros terão grande dificuldade. Aqui também não existe uma só resposta – disse, categoricamente, Lucas.

– Olhem! Que lindas as fadinhas entorno das flores, no meio das borboletas! Elas dançam, multiplicam as cores! Vejam as bruxinhas em suas vassouras! – chamou-nos atenção Flora, rindo como criança. – Vocês estão vendo? Eu estou! Não me digam que elas não estão aqui porque não conseguem ver...

Paramos em choque, eu e Lucas olhando para Flora, que continuou:

– Será que vão me internar? Ou receitar tarjas pretas? Ou me rotular como psicótica? Ah! Ela está com problemas sexuais mal resolvidos! Não, ela é mística, alienada!!! Uff! Será que fantasia é mentira? A imaginação não existe? Que os contos das carochinhas foram criados para boi dormir? Poupem-me... Tanta tagarelice, para quê?

Compreendi logo a mensagem de Flora. Estávamos falando de teorias, ideologias, sobre o que é certo e errado.

Caindo na armadilha da busca de uma só verdade. Tentando reduzir o ser terapeuta a um código de ética.

– Realmente, Flora, acabamos idolatrando pensadores, sistemas e nos esquecemos do outro à nossa frente. Agimos assim: – Freud disse! – Jung falou! – Sócrates determinou! E o que o outro a sua frente está dizendo? Onde consigo chegar com ele? A filosofia é um convite a pensar por si mesmo. A Terapia Analítica é um convite a "fazer a alma" e descobrir em si mesmo! Isto não deixa de lado a contribuição dos pensadores, elas podem ser portas abertas às nossas reflexões! Tudo existe e está aí, aqui! Fadas, bruxas... Obrigado, Flora!

Caí sentado! Olhei para o céu e senti uma pontada de liberdade! Começava a compreender...

4

A casa de Flora nos esperava! No Morro do Imperador, perto do *campus* da universidade! Eu também morava no Bairro São Pedro! Pertinho! Caminhamos com o solzinho da manhã. Meia hora de caminhada silenciosa, sem muita conversa. Preferi percepcionar cada detalhe, sentir as coisas que, em meus cinco anos de faculdade, não tive tempo para observar.

– Eu morei por aqui? – pensei.

De longe vi a casa com janelas floridas, o gato preto Jung esperando à porta de entrada. Tinha dois bancos de praça, feitos em madeira, no seu jardim, com uma mesa retangular.

Sobre a mesa um vaso de gerânios. Chegamos e sentamos por ali, enquanto Flora e Jung foram para dentro da casa.

– Pois é, meu amigo – iniciou Lucas. – Não sei se nascemos terapeutas ou nos tornamos terapeutas. É um chamado de nossa alma? O que venho descobrindo é que estar com o outro e caminhar ao seu lado, partilhando suas dores, medos, alegrias e conquistas faz parte de minha jornada existencial. Os filósofos e pensadores analíticos como Jung, Hillman e Hollis foram meus principais companheiros na compreensão das questões humanas. A Filosofia Clínica foi pensada por Lúcio Packter, o grande organizador disso tudo, como já falei. Que tal a gente conversar um pouco sobre ela? O que acha? – falou Lucas olhando atentamente para mim, com todo tempo do mundo.

– É tudo que quero! Confesso não ter pressa! Compreendi, nesses encontros: tudo tem seu tempo! Preciso desaprender! – ri lembrando Rubem Alves.

– Romper com os agendamentos!!! – brincou Lucas com o bom humor natural!

Sentimos um cheiro gostoso de comida vindo da casa! Com certeza Flora fazia algo delicioso. Ela gostava do fogo sagrado! Disse-me que a casa precisava acender seu fogo, para aquecer o amor entre todos. Nos dias atuais muitas casas estavam sem alma, o fogo fora apagado. As casas, as cidades, as pessoas se perderam. O mal-estar da pós-modernidade estava contaminando todos. A chama deveria ser acesa para resgatar o feminino perdido, tanto nos homens como nas mulheres. Ela precisava ser reacendida para resgatar o bem-estar da casa, da cidade, das pessoas.

Flora surgiu com uma toalha xadrez, duas taças de cristal e uma garrafa de vinho. Alegre e corada foi explicando:
– Para vocês celebrarem Mercúrio, o deus dos terapeutas! Ah! Vou buscar um queijo e uns pãezinhos para celebrar Deméter! O Olimpo agradece! – riu e saiu cantarolando.

– Vamos brindar Dioniso, também! – disse Lucas abrindo o vinho com o prazer de vivenciar aquela manhã singular. – Todo dia é dia de festa e celebração! Basta estar aberto a experimentar os convites da vida! Tim, Tim!

O vinho desceu redondo. Delícia! Os deuses estavam por ali, era verdade! E toda Grécia! Banquete de Platão, a Casa dos Jardins de Epicuro. Os filósofos chegavam com a harmonia do encontro...

– Vamos deixar os deuses do Olimpo com Flora, mais tarde ela falará deles como só ela sabe. Falemos da Filosofia, que é mãe de todos! Três mil anos de sabedoria! Viva a coruja Sophia! Fonte das psicoterapias, artes, ciências! Como ser terapeuta sem dar atenção a ela? Cada filósofo nos convida a refletir, a pensar sobre as questões fundamentais da nossa existência! Eles são como um convite sedutor. – Lucas foi tirando alguns livros de sua mochila e mostrando seu computador dizia: – Aqui tenho uma biblioteca de filosofia!

Os livros eram meu verdadeiro alimento! Como os amava!!! Fiquei excitado com a possibilidade de aprender! Estava faltando estudar mais filosofia. Essa era a hora.

– Vamos brincar com nossos amigos em comum! Conversar sobre seus pensamentos, deixar as ideias caminhar entre nós! Vamos pegar uns fragmentos do médico, filósofo e filósofo clínico Lúcio Packter, do filósofo, psicólogo existencial e filósofo clínico José Maurício de Carvalho e outros filósofos que contribuem para a elaboração da Filosofia Clínica, seguir refletindo com eles, o que acha? – Lucas foi abrindo alguns livros... – Uau! Diria Hélio Strassburger! – riu brincando.

Peguei umas folhas em branco e fui anotando:

• "Cada homem percebe o mundo de um jeito próprio, ainda que possa construir uma estratégia para compartilhar com outros seu entendimento" (PACKTER, 2012).

• "A Filosofia Clínica é uma investigação filosófica no sentido clássico. No entanto, das técnicas de ajuda pessoal, é aquela que guarda maior aproximação com a tradição filosófica" (CARVALHO, 2012).

• "Técnica que propicia a superação dos choques existentes na estrutura de pensamento da pessoa" (CARVALHO, 2012).

• "Toda Teoria que coloque na pauta das discussões o respeito ao outro e ao seu mundo, que veicule carinho, atenção ao sofrimento alheio, uma relação cooperativa e adensamento da existência singular merece ser levada a sério" (CARVALHO, 2012).

• "A clínica filosófica comprova uma questão básica fenomenológica existencial: a vida de cada homem é um mundo singular" (CARVALHO, 2012).

• "O método fenomenológico permite compreender a intuição da consciência, isto é, estudar o que se mostra a ela. Uma descoberta fundamental da fenomenologia é que a intuição não vazia, a consciência, é preenchida de objetos. A intencionalidade da consciência é o movimento para algo que emerge nela e nela adquire significado. Na primeira das *Investigações lógicas*, Edmund Husserl trata a intencionalidade como ato de significar. [...] A consciência é intencional, porque o objeto aparece diante do sujeito. [...] Aspecto fundamental desta conclusão de Husserl é que esta lhe atribui uma unidade de sentido" (CARVALHO, 2012).

– Vamos parar por aqui. Tanto os livros de José Maurício de Carvalho *Filosofia Clínica e humanismo* (2012) e *Filosofia Clínica – Estudos de fundamentação* (2005) quanto o livro *Filosofia Clínica – Filosofia no hospital e no consultório*, de Lúcio Packter (2008), são um bom início para nossos estudos. Gosto muito deles como introdução à Filosofia Clínica. Proponho uma imersão nesses autores, antes de iniciar o curso propriamente dito. O livro *Propedêutica – Filosofia Clínica* é o primeiro livro do Lúcio a ser lido. O que acha dessa minha proposta? A Filosofia Clínica tem várias vertentes, porém esse foi o caminho que sinto vontade de falar. Eu conheço o trabalho do Professor José Maurício. Ele tem várias obras na área da filosofia. Penso ser um bom começo para entender a teoria. Eu prefiro o caminho da clínica, da construção do ser terapeuta; no entanto, uma base teórica é fundamental – falou Lucas com responsabilidade.

– Nossa! Quantas portas! Singularidades! E, depois, querem que todos pensem da mesma forma! – Falei, compreendendo melhor o significado de pensar bem. Precisamos descobrir qual o nosso caminho. Eu me sentia aberto a estudar, conhecer, escolher.

– A Filosofia Clínica, com seu embasamento teórico na filosofia e as práticas de consultório, qualifica o encontro terapêutico. Quer uma síntese para adoçar sua curiosidade? O partilhante chega trazendo uma *Questão inicial*. A seguir vem os *Exames Categoriais*. Neles vai-se tecendo a *Historicidade*, isso pode durar algumas sessões, onde o filósofo clínico vai descobrindo a *Estrutura de Pensamento* do partilhante. Em posse de todo esse material se apropria, elabora, utiliza os *submodos,* procedimentos clínicos para qualificar a atividade clínica. Inicialmente, é necessário um curso para acessar a teoria da abordagem, costuma durar dois anos, aproximadamente, depois vem a clínica pessoal com um filósofo clínico, após, a supervisão, depois a formação continuada, os seminários, colóquios, estudos avançados, para atuar na terapia – explicou Lucas com paciência de um mestre.

Flora, vendo nosso entusiasmo, nos convidou a uma pausa: – Chegou a hora do almoço. Sentiram o cheiro do frango com quiabo? Pois é minha especialidade. E tem angu, couve... E muito amor. Nós filósofos clínicos atendemos em vários espaços, não apenas no consultório. Eu adoro atender na cozinha ao lado do meu fogão a lenha – riu, como sempre.

Lucas expressou:

– Eu, Marcus, gosto de atender nos jardins, e onde mais os partilhantes possam escolher. Há uma riqueza de lugares, possibilidades, para exercer a clínica, de acordo com a singularidade.

Flora saiu, esperando nossa companhia:

– Podem deixar os livros e papéis aqui fora. Apesar do frio, não vai chover hoje. À tarde vou visitar umas amigas e deixarei vocês com a Filosofia Clínica. Volto à noite para tomarmos um caldo, ouvir música, jogar conversa fora. Nem só de filosofia vive o homem, também se alimenta das coisas simples da vida! Vamos lá?

A fome já estava roendo meu estômago. Aquela manhã marcou minha vida. Queria tirar a tarde para pesquisar os livros indicados, começar os estudos da Filosofia Clínica. Olhei para trás e vi uma rede, ligando as jabuticabeiras. Pensei ser ali a minha sesta, depois do almoço, lendo.

Comemos em silêncio e sussurrávamos – Hum... Hum... Maravilha! Fartamo-nos. Depois nós dois, eu e Lucas, fomos lavar a louça. Deliciamos com a sobremesa: doce de leite e queijo e café torrado na hora. Flora zarpou com o gato Jung, nos deixou à vontade.

Lucas deitou-se no sofá da sala, dormiu ouvindo música. Eu corri para o jardim, peguei os livros e fiz o que mais gosto: ler, estudar. Peguei um marcador de páginas, Lucas deixara de propósito para mim.

Naqueles dias parecia não existir mundo lá fora. Um calor tomava conta do meu coração. Sincronicidade aquele encontro? Eu elegi aquelas pessoas meus mestres? Vi Lucas como um filósofo a me mostrar o caminho da intencionalidade e, Flora, uma velha sábia, a convidar para o caminho do "fazer a alma", compreendendo a prática clínica.

Teria como fazer uma interseção entre a Filosofia Clínica e a Terapia Analítica? Algo dentro de mim disse um SIM que ecoou, como se o cosmos estivesse a ouvir meus pensamentos. No tempo certo o: "como praticar clínica" brotaria, sentia no mais profundo de minha alma. Vi os livros de Jung, Hillman e Hollis empilhados sobre uma mesa lá na sala. Mas, agora era o tempo da Filosofia Clínica e seus pensadores, Lúcio, Maurício, Hélio...

5

Passei a tarde lendo. Encantado com as descobertas sobre Filosofia Clínica. Quando percebi, Lucas se aproximava, trazendo um cafezinho e uns pães de queijo quentes.

– Bem, meu companheiro, quero lhe falar sobre dois temas fundamentais na clínica. A questão da Semiose e a Singularidade – iniciou Lucas sentando num banco à minha frente.

– *Semiose* é a forma de cada um se comunicar, se expressar. Pode ser a fala, a escrita, o desenho, a música. Esse respeito ao meio de expressividade de cada pessoa, o jeito de cada um se comunicar, é um dos fundamentos da atividade clínica. Tenho partilhantes que escrevem, outros trazem desenhos, e mesmo aqueles que mandam e-mails. É importante lembrar: se for desrespeitado esse veículo de comunicação, a própria clínica fica comprometida. Não existe uma forma certa ou melhor. O meio mais confortável para cada um precisa ser respeitado. Compreende? – explanou Lucas com seriedade.

– E quando a pessoa não fala? Posso usar de recursos extras como cartas projetivas? Textos, livros, gravuras? – perguntei, pois era uma dúvida persistente.

– Com certeza, vamos utilizar o material de acordo com Estrutura de Pensamento da pessoa, essa é a aplicação dos submodos. Cada subjetividade convida à utilização de determinados procedimentos clínicos. Na interseção com a Terapia Analítica utilizamos a caixa de areia, a mitologia, os contos de fadas, a música. Muito rico esse trabalho. Tenho um caso clínico muito interessante. Um partilhante chegava e só contava sonhos. Ele mesmo o amplificava. Foram anos assim. Tinha pânico e, com o tempo, foi melhorando, até que chegou ao meu consultório, me agradeceu. Seu pai havia falecido e tudo que tinha mais medo acontecera, ele reagiu com serenidade. O pânico não mais o afetava. Ali terminamos o processo. Outro partilhante foi elaborando seu sofrimento com desenhos, à medida que falava deles, ia compreendendo a razão da enxaqueca constante. A terapia terminou quando ele fez uma mandala rica em símbolos, a qual me presenteou, relatando a ausência das crises há mais de um ano – Lucas parou, olhando longe, como se as lembranças o tivessem tomado.

– Compreender e atuar de acordo com a *Singularidade* torna o encontro mais produtivo, adequado à realidade de cada um. Temos o hábito de controlar e pensar que o nosso jeito de viver é o mais correto, porém esse é um grande engano. De onde tiramos isto? Da historicidade. O que foi malvivido pode criar uma teia de prejuízos em conflito com outros aspectos importantes da estrutura da pessoa.

Considero esse um dos pontos fundamentais da clínica, identificar a causa do sofrimento e seus desdobramentos na existência. Enquanto nos sentirmos donos da verdade, tentando controlar, impor vontades, ficará difícil avançar para uma vida melhor. Este assunto é fundamental para nós terapeutas. Verdades absolutas engessam, amarram, dificultam andar leve.

O final da tarde apresentava muitas questões sobre a Filosofia Clínica. Mais motivado ficava a fazer o curso com Lucas.

Ele levantou questões relacionadas à Estrutura de Pensamento (EP) que anotei para elaborar durante o curso. Anotei em fichas que guardo com cuidado e zelo.

Questões a partir da Estrutura de Pensamento:

Em Filosofia Clínica pode-se fazer um levantamento do mundo interior do partilhante. Isso acontece com a identificação dos tópicos estruturais significativos da sua malha intelectiva. Estruturas abertas, as quais podem combinar infinitamente, gerando uma visibilidade do ser singular.

• *Como o mundo me parece:* como a pessoa vê, sente, significa o mundo à sua volta.

• *O que acha de si mesmo:* o que a pessoa pensa, acredita, sente, intui de si mesmo.

• *Sensorial e abstrato:* ligado aos sentidos – direto (sentidos) ou indireto (raciocínio abstrato).

• *Emoção:* movimento que o partilhante vivencia como um estado afetivo qualquer: alegria, saudade, amor, ódio.

• *Prejuízos:* verdades subjetivas que habitam a pessoa em razão de vivências, crenças, leituras, aprendizados ao longo da vida.

• *Termos agendados no intelecto:* vocabulário com o qual a pessoa exprime conceitos, ideias e imagens, expressões que agendou durante a vida.

• *Termos universais, particulares ou singulares:* modo como a pessoa comunica o que pensa. Sua base é a lógica formal.

• *Termos unívocos e equívocos:* como a pessoa se comunica, se de maneira clara e objetiva, com expressões com um só sentido ou numa forma mais aberta, passível de equivocidades interpretativas.

• *Discurso completo ou incompleto:* refere-se à forma do discurso, de um lado quando é possível entender a mensagem da pessoa, e, de outro, quando as frases ficam interrompidas.

• *Raciocínio bem-estruturado ou mal-estruturado:* quando se pode acessar com mais facilidade o mundo subjetivo da pessoa, entender o que diz, como diz e por que diz, ou quando fica difícil a interseção pela natureza do discurso confuso.

• *Busca:* o projeto pessoa, a esperança, para onde se dirige existencialmente, qual a procura imediata e a mais remota, o sonho guardado. Busca somática, intelectiva, empírica.

• *Paixão dominante:* repetição. Regularidade. Aquilo que habita as entranhas de seu viver há muito tempo.

- *Comportamento e função:* o motivo por que a pessoa faz algo. Função estrutura atitude. Causa e efeito.
- *Espacialidade/inversão:* permanece em si, mais ensimesmado, traz o outro ao seu mundo.
- *Recíproca de inversão:* dirige-se ao mundo dos outros. Alteridade.
- *Deslocamento longo:* imaginação, recordação.
- *Deslocamento curto:* dirige-se aos objetos presentes aos sentidos, aqui e agora.
- *Semiose:* forma de expressão, canal de comunicação de cada pessoa.
- *Significado:* como a pessoa significa os acontecimentos, eventos do cotidiano, o sentido que confere às suas experiências.
- *Armadilha conceitual:* característica de ser existencialmente repetitivo. Circulo vicioso. Padrão.
- *Axiologia:* valor, destaque, o que importa a pessoa.
- *Singularidade existencial:* vivências incomuns. Vivências extraordinárias.
- *Epistemologia:* modo como a pessoa conhece, verificabilidade dos fatos, como sabe o que conhece. Compreensão.
- *Expressividade:* o quanto a pessoa mantém de si mesma em direção aos outros. Autenticidade, integridade ou seu contrário.
- *Papel existencial:* são os papéis que a pessoa desenvolve na vida. Atribuições, desempenho, representações.
- *Ação:* funcionamento de uma problemática qualquer, maneira como os conceitos podem se associar na malha intelectiva.

- *Hipótese:* alternativas para resolver a problemática em ação, o que a pessoa está pensando fazer em relação às questões trabalhadas.
- *Experimentação:* aplicabilidade, testagem das hipóteses.
- *Princípios de verdade:* envolve a cultura. Verdades compartilhadas no espaço social.
- *Análise da estrutura:* parecer ampliado da estrutura de pensamento de uma pessoa, lugar, evento.
- *Interseção de estrutura de pensamento:* relação das estruturas entre si. Influências, agendamentos, partilhas.
- *Dados da matemática simbólica:* relação da pessoa com ela mesma, grupos, instituições, princípios de verdade.
- *Autogenia:* como os tópicos se relacionam entre si. Movimentação da subjetividade. Lúcio explica: "é como se denomina a configuração, a associação, a inter-relação que os tópicos da EP têm entre eles mesmos".

A Filosofia Clínica em interseção com a Psicoterapia Analítica

1

Flora chegou quando a noite trazia as estrelas e, com ela, a lua cheia. Silenciosamente, foi até a lareira e a acendeu. Apagou as luzes, acendeu as velas pela casa. Foi à vitrola, escolheu um tango argentino orquestrado. A casa foi brilhando, enchendo-se de alma. Ela perguntou:

– Estão com fome? Vou preparar um caldo de abóbora com gorgonzola. O que acham?

Assentimos com a cabeça. Estávamos cansados. Aquele fora um dia rico em aprendizagem sobre a Filosofia Clínica. Espreguiçamos. Levantamos e alongamos nosso corpo. Foi um dia superintenso. Sentia-me feliz como raras vezes. Estudei sem ter que estudar, estudei pelo prazer de estudar. A Filosofia Clínica deveria ser ensinada em todas as faculdades, em todas as áreas, principalmente nas relações de ajuda. Melhor, todas as pessoas deveriam aprendê-la para qualificar a vida.

– Convido a dormirem aqui. Amanhã gostaria de partilhar com vocês a minha experiência clínica. Quero demonstrar como faço a interseção da Filosofia Clínica e as práticas clínicas da Terapia Profunda Analítica. Vamos mergulhar em Jung, Hillman e Hollis, como o pensamento deles se harmoniza com a Filosofia Clínica. Pretendo demonstrar como funciona essa interseção na prática – Flora falava colocando a mesa com delicadeza e amor.

Cuidadosa nos detalhes, ela escolhia os guardanapos de papel, combinava com as taças e o jogo americano. Os castiçais, com velas acesas, cercava um vaso de flores. As cestinhas de pães forradas com crochê. A mesa era um belo quadro, poesia viva. Fiquei parado, em frente à mesa, observando. O feminino e a sensibilidade me chamaram a atenção. Eu ia despertando para uma nova possibilidade de viver no mundo. Um ser mais pleno.

Na parede, uma reprodução de Miró: *A bailarina*. Fiquei a olhar para aquela figura simples, ela dizia muito.

– Achei uma boa ideia ficarmos por aqui. Amanhã será um dia bem interessante – disse Lucas, bem animado, quando sentava à mesa, abrindo a garrafa de vinho.

– Grato a vocês por me acolher, partilhar essa oportunidade. Num tempo onde as pessoas são tão egoístas, guardando seus conhecimentos para competir, vocês abrem o coração, numa doação incondicional! Incrível! – lágrimas de gratidão correram em minha face. Abracei Lucas e beijei Flora.

Aquela foi uma noite gostosa, de música, conversa sobre arte, literatura, política. Além da cama, com cobertor acolhedor, dormi como um anjo.

Acordei com os pássaros cantando lá fora, o cheiro de chá e broa de fubá. Tomei um banho gostoso. Sobre a banheira tinha um moleton e um bilhete de Flora:

Esta roupa quentinha é para vocês ficarem confortáveis nesse longo dia que vos espera. Lá fora está frio, chovendo.

Teremos um dia de recolhimento, vamos andar pela floresta do inconsciente, percorrer os labirintos da alma.

Bom dia, meninos! Os deuses nos esperam!

2

A sala onde iríamos conversar tinha poltronas confortáveis. Nelas, uma manta para nos aquecer. A lareira acesa, no centro, uma mesa cheia de livros de Filosofia Clínica e Psicoterapia Analítica. Flora se aconchegou e logo se pôs a falar:

– Desde o início de minha formação como terapeuta, minha *paixão dominante* era a obra de Jung. Curiosa pela filosofia que o motivou, decidi estudar Filosofia conjuntamente. Nenhum dia de minha vida, a partir daí, aconteceu da mesma maneira, não larguei mais a Filosofia. Dos pré-socráticos aos pós-modernos. Transitei, também, pelo estudo da mitologia, contos de fadas, caixa de areia, arte... Longa trajetória. Até receber um convite para assistir a uma palestra sobre Filosofia Clínica. Nela, o professor falava da Estrutura de Pensamento e submodos. De imediato, percebi que a interseção entre essa nova abordagem e a Psicoterapia Analítica seria perfeita. Matriculei-me no curso de Filosofia Clínica e passei a aplicar seus ensinamentos na clínica. Percebi um salto quântico em minha atividade. Minha clínica, na prática, se ordenou.

– Flora, como isso se deu, se a Filosofia Clínica transita pela intencionalidade da estrutura de pensamento e a Psicoterapia Analítica é um "fazer a alma"? E o trabalho em Filosofia Clínica tem um prazo de duração, a Análise não tem tempo de terminar? – perguntei curioso.

– Ótima pergunta. Tendemos a reduzir os conceitos e, assim, matamos as possibilidades de enriquecimento. Tanto a Filosofia Clínica quanto a Psicoterapia Analítica se preocupam com o homem integral. A metodologia da Filosofia Clínica é tão ampla, permite dialogar, encontrar com as demais abordagens, principalmente analítica. Em ambas não há interpretação. Esse é o ponto fundamental. As amplificações são referentes à Estrutura de Pensamento do partilhante, através de seu conhecimento, escolhemos o submodo para trabalhar. Há um acolhimento, um respeito à semiose de cada pessoa. Quer ver? Tem partilhante que se dá bem trabalhando desenhos, mandalas. Outros trazem seus escritos, alguns relatam os sonhos, e trabalhamos sem interpretar, mas compreendendo-os nas suas circunstâncias. Só uma diferença: na Filosofia Clínica não se trabalha as tipologias; no entanto, se fizermos um estudo comparativo, dá para ver uma correlação entre o extrovertido e introvertido de Jung e a espacialidade intelectiva da Filosofia Clínica. As funções: pensamento, sentimento, sensação, intuição, na Clínica Analítica, se assemelham a vários tópicos da Estrutura de Pensamento – Flora se entusiasmava, seus olhos brilhavam, ao dar as explicações.

Lucas pegou o livro de Jung: *Práticas da Psicoterapia* (Editora Vozes), falando:

– Como Filósofo Clínico, fiquei pensando como Flora faria essa interseção. Fui o professor dela. Ela já chegava com 20 anos de Clínica Analítica, com humildade, aberta a aprender. Fui presenteado com esse pequeno grande livro do psicoterapeuta analítico Carl Gustav Jung e, confesso, me surpreendi, como ele se harmoniza, em muitos aspectos, com a minha prática.

Eu sabia que Jung se interessava por Filosofia e ela muito influenciou sua obra. Em seu livro *Memórias, sonhos e reflexões* ele nos conta:

> Dos dezesseis aos dezenove anos [...].
> Amei acima de tudo as ideias de Pitágoras, de Heráclito, de Empédocles e de Platão, apesar da grande argumentação socrática.
> [...] Grande achado de minhas investigações foi Schopenhauer. Pela primeira vez ouvi um filósofo falar do sofrimento do mundo, que salta aos olhos e nos oprime, da desordem, das paixões, do mal, dos fatos que os outros filósofos apenas tomavam em consideração, esperando resolvê-los mediante a harmonia e a inteligibilidade. Encontrara enfim um homem que tivera a coragem de encarar a imperfeição que havia no fundamento do universo. [...]
> A teoria do conhecimento de Kant significou para mim uma iluminação provavelmente maior do que a pessimista imagem do mundo de Schopenhauer [...]. Schopenhauer e Kant

reapareciam intensamente em meu espírito e, com eles, o grande "mundo de Deus" (JUNG, p. 70-75).

Estudava Kant aos domingos. [...] Nietzsche figurava em meu programa há já algum tempo, mas hesitava em lê-lo, pois me sentia insuficientemente preparado. [...] Apesar de meus temores estava curioso e me dispus a lê-lo (JUNG, p. 98-99).

– Proponho fazermos uma conversação entre os dois procedimentos clínicos. Vamos trabalhar? Tenho mais dois livros. *A prática da Psicoterapia* – convidou Flora:

O psicoterapeuta não tem que tomar conhecimento apenas da biografia pessoal do paciente, mas também das condições espirituais do seu ambiente próximo e remoto, em que permeiam influências tradicionais e filosóficas que frequentemente desempenham um papel decisivo (JUNG, p. 1).

A psicoterapia [...] se trata de um tipo de procedimento dialético, isto é, de um diálogo ou discussão entre duas pessoas. Originalmente a dialética era a arte da conversação entre os antigos filósofos, mas logo adquiriu o significado de método para produzir novas sínteses. A pessoa é um sistema psíquico que, atuando sobre outra pessoa, entra em interação com outro sistema psíquico (JUNG, p. 1).

Tenho que renunciar à minha superioridade no saber, a toda e qualquer autoridade e vontade de influenciar.

O melhor que o médico pode fazer é renunciar a qualquer opinião preconcebida.

Flora levantou, convidando a uma pausa. Fez um café, trouxe rosquinhas de nata. Depois continuou nos mostrando um livro muito interessante: *Cem anos de psicoterapia... e o mundo está cada vez pior*, de James Hillman e Michel Ventura. Ela leu na p. 18:

> Ventura: E o filósofo Kierkegaard voltaria para dizer: "A natureza mais profunda não muda, transforma-se cada vez mais nela própria".
> Hillman: Jung diz que a individuação é ser cada vez si mesmo.

Michel na p.77 expõe:

> A terapia torna-se, então, uma disciplina que busca os termos para cada caso – alijando os diagnósticos em nome da criatividade do terapeuta e do paciente, em busca de uma linguagem compartilhada e adequada a esta vida em particular. E não estamos tentando descobrir e nem tratar uma doença, mas inventar uma nova linguagem. Esse é o tratamento, falar da vida e escutá-la; e o objetivo não é vida curada, normalizada, ou sem sofrimento, mas que seja mais ela mesma, tenha mais integridade e seja mais fiel ao seu daimon.

– Compreendeu, Marcus, com o pouco que leu sobre Filosofia Clínica, ser possível essa interseção? Vou fazer uma síntese dos submodos em FC, demonstrar como eles se aplicam na Psicoterapia Analítica. Esse é um grande desafio, mas, no final, você se convencerá. Hoje será um longo e rico dia. Trabalharemos cada submodo, vamos dando exemplos, na prática clínica. Vamos lá! – orientou Flora.

– Antes, uma pausa, para mais um chá. O frio nos convida a aquecermos o corpo e a alma. Tenho aqui um texto, escrevi há algum tempo, fala sobre o chá, você gostaria de ler Lucas, enquanto eu preparo um de canela e maçã? Leia em voz alta. Vai alegrar nosso espírito – disse ela.

Flora foi levantando, entregou o texto para Lucas que iniciou a leitura:

Xícaras de chá

A virada da noite fez bater os sinos dentro de meu corpo ávido por uma xícara de chá.

As ideias, como borboletas, pululam buscando compreender a frase de Nietzsche, na voz de Zaratustra: "é preciso ter um caos dentro de si para dar à luz uma estrela cintilante".

Sinto-me grávida do novo tempo que se aproxima. Grávida de mim mesma. Gestando poesias e sentimentos para além das profundezas. Encantada pelos poetas e filósofos que passeiam pela minha biblioteca.

Tornei-me grávida através das palavras cheias de Eros de Walt Whitman, Fernando Pessoa, Nietzsche, Drummond e muitos outros.

Sou devassa, pois contenho multidões que transitam sem pudor pelos meus labirintos em busca de minha alma.

No caos do meu inconsciente habitam deuses,
que se desorientam no ocidente de mim perene.

Meu caos revela o mundo em que existo, com
sua fome, desalento e conformismo. Desvela as
máscaras do teatro midiático que transito. Queda
inerte frente ao palco, pois vê o inferno aquecido
pelas vaidades dos que corrompem transvestidos
de heróis salvadores e bonzinhos.

Meu caos tem várias marcas propagadas
pela massa que se rebanha alucinada. Chora
frente à miséria intitulada acadêmica. Grita
pela libertação e anarquia. Picha os muros
encouraçados dos machistas com pássaros e
flores.

Na xícara de chá, as mulheres de Klint me
olham atenta, sorrindo do meu caos infinito.
Talvez esperando dar à luz uma estrela
cintilante.

Na vastidão da existência, pirilampos em
harmonia cantam sem se preocuparem com
o caos. As orquídeas em festa embelezam a
trepadeira serena que apenas é sem julgamento.

A erva-doce e camomila se derramam por entre
meu corpo acalmando meu caos. Sorrio frente
ao livro aberto, o cartão postal, a xícara de chá
pintada com as mulheres de Klint e as uvas
falsas de Dioniso. Shiva Nataraj toca a flauta e
por instante sinto a estrela vinda cintilante do
fundo de minha alma.

Respiro fundo. Fecho os olhos e sinto que o
sono chega trazendo um cortejo de palavras
encantadas como serpentes. Ouço o som da
flauta do dançarino cósmico. Meu ventre
dança e espera. Feliz espera a poesia que brota
nascente.

Não tenho mais pressa. Os rastros de estrelas
acompanham as palavras. Há muitas noites a
serem sentidas. Há muitos silêncios a serem
tecidos. Há muitos amores a serem vertidos na
minha biblioteca.

As orquídeas me olham e as brindo com meu
olhar admirado, amante do mistério e do
incognoscível, num tempo fora do tempo, no
intervalo de segundos entre a vigília e o sono.

O chá me convida. É a vida convidando a ser
vivida. Quer tomar um chá comigo?

– Nossa! Vou tomar o chá de outra forma! Quero uma
cópia desse texto! – falei, emocionado.

Ali, com Flora e Lucas, a vida se apresentava em uma
nova cor. A poesia se entrelaçando com a riqueza dos conteúdos.

3

Naquela biblioteca, aquecida de chá e ideias, os livros nos esperavam. A Filosofia Clínica aguardava para ser apresentada. Entendi isso: se trata de um encontro da gente com a alma do mundo. Os livros e nós, uma interseção irresistível. Da mesma forma acontece com o escritor. O livro vem até ele e, assim, ele o escreve, por isso se sente possuído pelo enredo, personagens.

– Submodos. O que são submodos? São os procedimentos clínicos para o sujeito viabilizar sua estrutura de pensamento. Modos de ação encontrados, via de regra, no próprio partilhante, identificados e utilizados no processo da terapia. Os submodos vão se oferecendo pela narrativa da história de vida da pessoa. O filósofo clínico vai percebendo, aprendendo, sentindo como a pessoa se efetiva existencialmente. Cada caso pedirá um constructo submodal singular. Lúcio Packter apresenta 32 submodos, como uma matriz, que pode se combinar de múltiplas formas – falou Lucas, iniciando a conversa.

– A jornada analítica, tendo a Filosofia Clínica como suporte, funciona maravilhosamente. Veja a contribuição de Jung, corroborando o pensamento de Lúcio Packter: "Precisamos compreender o divino que existe em nós, mas não o que existe em outra pessoa, na medida em que ela é capaz de ir em frente sozinha". O terapeuta busca no mundo como representação da pessoa, apoiar, qualificar sua caminhada existencial. O que precisamos aprender é seu funcionamento existencial. Vou compartilhar a matriz submodal e, a seguir, ilustrarei com exemplos. Daqui para frente eu falo, mas Lucas poderá intervir, e você, Marcus, perguntar.

– O primeiro submodo é *Em Direção ao Termo Singular*. Quando utilizado de acordo com a subjetividade da pessoa sob nossos cuidados, pode ajudá-la a ter maior clareza em relação ao assunto. Pode ser um sonho, imaginação, evento ou engano. Costuma levar o partilhante a compreender o teor de sua fala, se ele relaciona o grupo a si mesmo. Tive uma partilhante que culpava a irmã pelas desgraças de sua vida. Utilizando esse procedimento, ela começa a entender o seu papel no conflito. Von Franz, em seu livro *Psicoterapia*, explica a visão de Jung: "Todos os conteúdos psíquicos dos quais ainda não temos consciência aparecem de forma projetada como supostas propriedades de objetivos externos. A projeção, a partir desse ponto de vista, é um deslocamento que ocorre de maneira não intencional e inconsciente, ou seja, sem ser percebido, de um conteúdo psíquico subjetivo para um objeto externo". Assim, o terapeuta, através da investigação dialógica, pode auxiliar o partilhante a descobrir, em sua malha intelectiva, os pontos de equivocidade. Importante a pessoa compreender: "*Qual aspecto do meu eu entra em conflito com aquela pessoa? Como isso acontece?*"

Lembrei-me de um professor da faculdade de Filosofia, ele ensinou sobre Investigação Dialógica. Juarez Sofiste escreveu um livro interessante: *Sócrates e o ensino da Filosofia*. Nele o Prof. Juarez escreve: "Aprender filosofia é aprender a perguntar. A filosofia contribui no desenvolvimento de pessoas livres, de pessoas com a capacidade de julgar por si mesmas, a confrontar argumentações diversas, a respeitar a palavra dos outros, a submeter-se somente à autoridade da razão". Outro assunto que abordou foi a diferença, num exercício em aula, sobre os saberes historicamente constituídos. Então falei, em voz alta:

– Estou a pensar como é fundamental a atividade filosófica na formação de terapeutas. Há uma rejeição, muitas vezes, da filosofia, pois as aulas da faculdade, como cita o Prof. Juarez Sofiste: "Os livros dedicados ao ensino da Filosofia, principalmente os de nível médio, são, em geral, roteiros de cultura filosófica. O Professor Regis de Morais afirma que tais obras servem apenas para atazanar a vida e a cabeça dos estudantes. Uma coisa mumificada que não bole nem com sangue nem com o entusiasmo dos estudantes".

Lucas aplaudiu com entusiasmo:

– Esse é um assunto muito interessante! Principalmente quando o assunto é Filosofia Clínica. A Filosofia Clínica é importante em qualquer formação clínica, por ajudar a refletir, questionar, analisar. Por isso podemos utilizá-la em todas as interseções de consultório. Isso que você expôs, Marcus, é excelente, o princípio socrático da investigação dialógica pode dar início a novas ideias, a maiêutica.

Continuei expondo:

– Prof. Juarez expõe: *pedagogicamente a investigação supõe: a humildade epistemológica no sentido da abertura para o inesperado; a suspensão ou o colocar entre parênteses as próprias convicções para a busca de melhores razões, ou no mínimo a razão do outro; a busca coletiva do conhecimento; o aprender com o outro.* Algo interessante que aprendi, vejo que poderei colocar em prática na terapia, ou seja: como qualificar minhas intervenções. Só concluí com um pensamento do Prof. Juarez: *Investigar é buscar informação e, depois, num segundo momento, mediante diálogo, buscar transformar essas informações em conhecimento.* Completo: em modos de atuar para que haja uma transformação, quando for o caso, noutros, para qualificar a caminhada.

Lucas pegou um livro de James Hollis, *Nessa jornada que chamamos vida,* e leu:

– "A profundidade de nossa jornada será encontrada nessa troca dialética consigo mesmo. O papel do inconsciente é oferecer corretivos ou compensação que servem para engrandecer uma pessoa. O papel do ego é o de entender e auxiliar este programa por meio do mundo da escolha consciente e ética."

O diálogo entre o consciente e inconsciente... "Reconhecer e sentir profundamente a presença de tal função compensatória, saber que ela não é patológica mesmo quando sintomática, é assumir um relacionamento aprofundado com a alma." E tem mais... "O local em que tais opostos se encontram geralmente é acompanhado pelos símbolos, já que apenas o símbolo pode conter os opostos que o ego, por si só, não consegue abarcar."

Flora se entusiasmou e levantou-se, dizendo:

– Pegamos o ponto! Parabéns! O treino da escuta e da construção compartilhada é essencial para a prática clínica. Para mim, isso tem nome: amor! Amar é saber escutar, acolher, dialogar, compreender! E, por falar em amor, antes de avançarmos, vamos lá fora dar uma caminhadinha, pois o sol esta surgindo e não podemos deixar de celebrá-lo. Está frio, mas mexer o corpo é bom! Veremos uma das bênçãos da natureza! Espreguiçamos, como o gato Jung, dormindo ao sol, sem ao menos nos ver. Fomos para o quintal da casa, lá havia várias árvores frutíferas. O pé de mexerica estava carregado. A beleza estava com seu cheiro no ar. Chupamos algumas rindo como crianças. Andamos por entre as árvores, até gangorrei na balança, dependurada na mangueira. Incrível foi ver os cachos de bananas. Acho que nunca as tinha visto ao natural. Percepcionei cada detalhe! Minha criança livre ressurgia ali. Uma felicidade singular me preenchia a alma. Felicidade genuína. Lembrei-me do livro: *Meu pé de laranja lima*, de José Mauro de Vasconcelos. E dos livros de Monteiro Lobato. Com eles tive minhas primeiras leituras. Lembrei-me de sentar sob o pé de abacate, na casa de meus avós, e ler: *A reforma da natureza*.

Retornamos cheios de bem-estar e vida. Comunhão sublime. Flora reiniciou falando do segundo submodo em interseção com a Terapia Analítica, na prática clínica:

– *Em Direção ao termo Universal* pode-se dizer que é o contrário do submodo anterior. A pessoa apresenta uma propensão a universalizar suas vivências, sentimentos, ideias. Aqui, quando indicado, o terapeuta poderá realizar um movimento de universalização ou seu contrário. Importante, em muitos casos, encontrar um modo do partilhante perceber a vida para além do seu mundo como representação. Na Terapia Analítica utilizamos o conceito de Inconsciente Coletivo, ou seja, aquilo que o indivíduo possui de universal e humano em si mesmo, uma estrutura aparentemente universal. No inconsciente coletivo existem os arquétipos, modelos comuns a todos. Eles são base para os complexos do inconsciente pessoal.

Onde buscaremos trazer os universais para a clínica? Temos que compreender o que são arquétipos. James Hall sintetiza: "*Arquétipos* – não podem ser descritos, mas seus efeitos aparecem na consciência como ideias arquetípicas. São padrões ou motivos universais que vêm do inconsciente coletivo e formam o conteúdo básico das religiões, mitologias, lendas e contos de fadas. Emergem nos indivíduos através de sonhos e visões". Assim, podemos trabalhar o submodo *Em Direção ao termo Universal*, através dos sonhos, contos de fadas, mitologias. O como trabalhar necessita de um aprendizado específico, tanto em Filosofia Clínica como em Psicoterapia Analítica.

Compreendi, ouvindo sobre apenas dois submodos, o quanto a prática da Filosofia Clínica era rica em possibilidades. Não só o estudo da fundamentação teórica, porém sua aplicabilidade no cotidiano do ser terapeuta. A pesquisa individual, através de leituras, a participação nos cursos, seminários, colóquios, os grupos de estudo com colegas de maior afinidade, a supervisão e a clínica pessoal, em busca de qualificar o papel existencial cuidador.

Lembrei-me do que escreveu James Hollis, um terapeuta analítico contemporâneo, com formação em filosofia, psicologia, teologia: "Por mais que eu respeitasse a filosofia, a teologia e a psicologia, eu ficava mais profundamente satisfeito com a literatura porque, para mim, ela corporificava mais da profundidade da experiência humana". Gravei essa sua fala, queria sempre lembrar a importância e o significado do conhecimento a serviço do desenvolvimento pessoal. Ele continua: "Tomem-se todos os *insights* da filosofia, da teologia e da psicologia, por maiores que sejam, e ainda ficamos com o grande mistério sobre quem somos, o que nos guia e a que servimos". Cabe a nós, terapeutas, abandonarmos a fantasia de poder e controle; assim a clínica poderá caminhar com mais ética, carinho e respeito à condição humana.

4

Nossa jornada naquela manhã prometia. Os submodos falavam da atividade clínica. Flora e Lucas se empenhavam em demonstrar o quanto o terapeuta deveria agir para não cair no abuso de poder e controle. Não desempenhar um papel de onisciência, pois a verdadeira função do clínico é estabelecer uma relação de ajuda. Eles me convocaram a estar atento aos pontos cegos da própria estrutura. Para Jung, a sombra é o reverso dos ideais pessoais e coletivos. A sombra do terapeuta pode fazer com que ele use seu partilhante, buscando se livrar de seus sofrimentos, medos, depressão... Outro perigo é o clínico se considerar alguém especial, com poderes de salvar a pessoa sob seus cuidados. E quando o profissional acredita tudo saber? Perigo dobrado! O desejo de competência absoluta faz parte da imagem do feiticeiro. Cuidado! Os feiticeiros fantasiam a onipotência!

Flora, depois de nos servir um suco de laranja, com biscoitinhos de nata, continuou falando sobre o terceiro e quarto submodos:

– *Em Direção às Sensações* é um procedimento clínico que, como diz Lúcio Packter: "estimulando, direcionando" para estabelecer condições para que a pessoa viva suas sensações. Cabe ao terapeuta prestar atenção como é a Estrutura de Pensamento da pessoa, não forçá-la a um percepcionar. Na interseção com a Terapia Analítica, devemos estar atentos, para não oferecer argila em uma atividade estética, se isso não fizer parte do referencial subjetivo do partilhante. No mesmo sentido, sugerir uma clínica na cozinha, para alguém avesso a esse espaço, os aromas e sabores culinários. Compartilhar um pôr do sol pode ser algo insuportável, se não fizer parte da estrutura em interseção. Hoje se vê, em algumas terapias, uma busca por generalizar comportamentos; isso, ao contrário de ajudar, pode estabelecer novas problemáticas, além daquela trazida pela pessoa. Se o partilhante compreende que lhe falta uma vida mais natural, como recurso existencial, o terapeuta poderá promover essas experiências. Tive um partilhante que detestava música indiana; ele veio de uma terapia que utilizava essencialmente música indiana e mantras. Aqui, pode ser bem-vinda a *Imaginação Ativa*, técnica analítica, onde a expressão da própria pessoa pode elaborar uma síntese. Um exemplo: o sujeito pode ser convidado a escrever sobre as sensações de seu corpo. Utilizei esse processo com um partilhante que não aceitava seu corpo e imagem. Após uma longa *Imaginação Ativa*, ele, não só conseguiu percepcionar-se em "disformia", como dedicar-se ao esporte, atitude definitiva, para evitar um diabetes emergente. Em Terapia Analítica, são as pessoas que elaboram a *Sensação*, para lidar melhor com a vida.

Foi Lucas que deu continuidade ao quarto submodo:

– Vamos compreender *Em Direção às Ideias Complexas*, algo diferente das experiências evocadas no procedimento anterior. Esse submodo está ligado às associações abstratas. Derivações de pensamento a partir de um dado empírico ou das próprias abstrações. Pode implicar a construção de teorias, explicações, muitas vezes, distanciadas do mundo sensorial. Existem pessoas elaborativas, encontram confirmações subjetivas, teorias para justificar suas atitudes. Elas buscam em leituras, cursos, internet etc. fundamentação para suas ideias, um chão para os desdobramentos da imaginação. Na Terapia Analítica: a pessoa tem o *pensamento como função principal*. Pode ser importante, nesses casos, detectar uma *Função Inferior*, que poderá traí-la em algum momento. Um exemplo: *Em Direção às Ideias Complexas*, ao usar a *Função Pensamento*, poderá fazer julgamentos enganosos, afastando-a da realidade que tenta explicar. Tive um partilhante que adorava trazer um texto toda semana, o conteúdo o colocava em xeque, frente aos pensamentos da semana anterior. Buscava provar, de qualquer jeito, a equivocidade de seu pensamento. Estava sempre atrás de teorias mirabolantes. Com o trabalho em clínica, fomos percebendo: uma associação de armadilha conceitual com paixão dominante, algo em que se envolvia, para fugir de si mesmo. Ri muito, pois me via, muitas vezes, agindo assim. Estava encantado com os ensinamentos, as palavras, com tudo. Como uma colcha de retalhos se unindo... As coisas foram clareando. Cada vez mais, compreendia o significado, a importância da Filosofia Clínica em interseção com o trabalho analítico.

Flora convidou a estudarmos o quinto submodo:

– Meninos! Vou propor outro procedimento clínico, depois, Lucas falará o sexto, seguirei nominando todos os outros. Assim, cumprimos nossa apresentação. Podemos almoçar e tirar a tarde para dicas em clínica. O que acham disso?

– Faremos o almoço juntos! No fogão de lenha! Oba!!! Em direção às sensações! – falou Lucas, com alegria de criança sapeca.

– Posso levar uns livros, para exercitar: em direção às ideias complexas... – ri, brincando – aquilo tudo era muito bom!

Então Flora levantou, dizendo:

– Vamos ao *Esquema Resolutivo*! Vamos resolver, propor decisões! Esse é um submodo em que a pessoa procura fazer esquemas para realizar buscas. Elenca alternativas, pesa prós e contras, aspectos positivos e negativos. Packter explica: "A pessoa pode usar um esquema rico para todas as coisas, alguns esquematismos para quase todas as coisas, esquematismos próprios a cada coisa e ausência de esquematismo identificável". Essa investigação dialógica é bem interessante! Gosto desse trecho em que Nichele Paulo explica: "Fazer a pessoa perceber as várias opções e tomar uma decisão, mesmo que esta seja temporária e desde que seja satisfatória para o assunto tratado. O esquema resolutivo é, na verdade, um processo de desconstrução dos choques existentes na EP". Essa é uma fase mais analítica, onde o partilhante pode transitar por suas dificuldades pessoais, sombras, começa a ensaiar, elaborar soluções para melhorar sua vida. O manejo desse submodo pode ser muito útil para o partilhante se organizar. Costuma acontecer, nesse período, um aumento das lembranças, através dos sonhos, auxiliando a elaboração desses esquemas. Alguns partilhantes escolhem as caixas de areia, outros preferem a elaboração de diários para realizar ensaios, tomar decisões.

Eu falei, quase impulsivamente:

– Durante vários momentos da análise isso acontece, não é mesmo?

Lucas respondeu, já pontuando outro submodo:

– Verdade, Marcus, as atividades clínicas em interseção, nesse ponto, se parecem muito. Por isso, repetimos: a Filosofia Clínica não ameaça as demais abordagens. Ao contrário, ajuda a organizar, contribui, elabora, qualifica. Agora vamos compreender *Em Direção ao Desfecho*, submodo que pode auxiliar na conclusão de algo pensado, idealizado. Tem intimidade com as atitudes. Para o fundador da Filosofia Clínica, Lúcio Packter, esse procedimento: "significa a condução de um raciocínio, de uma tarefa, de uma vivência, de um desenvolvimento pessoal qualquer até um desfecho e um fim". Considero esse um grande momento em análise, a compreensão e ação.

Nós três aplaudimos. Estávamos ali, por inteiro.

Lucas retomou, falando:

– Vou mencionar os demais submodos, só para ilustrar, pois os livros e a formação vão oferecer mais detalhes sobre o tema. Vamos lá:

7) Inversão: aqui se trata de entender o funcionamento existencial da pessoa em seu próprio eixo, uma atitude onde predomina o movimento sobre si mesma. O sujeito vivencia o mundo, as coisas, sensações de uma perspectiva ensimesmada. Com prioridade, traz os outros ao seu mundo.

8) Recíproca de inversão: pode levar a pessoa a realizar movimentos em direção ao outro. O terapeuta pode trazer a pessoa para ser cuidada em sua subjetividade. Oferecer ensaios, estabelecer conexões, exercitar deslocamentos, vivências.

9) Divisão: busca preencher lacunas discursivas. Predomina uma atitude lógica formal.

10) Argumentação derivada: busca as causas, as origens de um evento qualquer.

11) Atalho: submodo de aproximação. Uma opinião, invenção, criação. Uma alternativa que aparece para dar seguimento à atividade existencial.

12) Busca: procedimento que pode associar, desenvolver projetos, sonhos, ideias.

13) Deslocamento curto: dirige a atenção sensorial, mudança de ponto de vista. Trabalha os dados presentes no aqui e agora.

14) Deslocamento longo: pode qualificar a imaginação, realizar experimentos, relembrar, associar hipóteses, distanciadas do momento imediato.

15) Adição: associação de ideias, desfechos, atitudes. Pode ser construção compartilhada. Soma de eventos, situações, pensamentos. Efetivar uma contagem de aspectos importantes à Estrutura de Pensamento.

16) Roteirizar: realizar uma narrativa colocando a pessoa, via reciprocidade, na perspectiva do que se deseja trabalhar em clínica. Pode ser uma história envolvendo ensaios, conquistas, perdas.

17) Percepcionar: deslocamentos sensoriais. Vivência do dado micro. As texturas, cores, sabores, minúcias perceptivas.

18) Esteticidade: trata-se de um meio de expressividade da pessoa. Pode ser um desafogo, explosão, desabafo.

19) Esteticidade Seletiva: utilização de alguma habilidade artística como meio de partilha, expressão, como: desenho, pintura, música, teatro.

20) Tradução: um procedimento que envolve explicação, transposição de uma informação, alternando o dado de semiose.

21) Informação dirigida: propor algum veículo para qualificar informações, entendimentos, desconstruções, como: livro, peça de teatro, texto, poesia, filme.

22) Vice-conceito: linguagem simbólica. Utiliza-se de expressões substitutivas, aproximativas, semelhantes para veicular verdades, ideias, hipóteses.

23) Intuição: varredura instantânea do intelecto. Propõe uma resposta súbita, imediata.

24) Retroação: submodo que busca as anterioridades. Adição de volta às origens. Retorno ao ponto de partida.

25) Intencionalidade dirigida: filtrar o mais significativo, importante. Aquilo que ocupa, momentaneamente, a estrutura de pensamento.

26) Axiologia: trabalha aquilo que é importante para a pessoa.

27) Autogenia: é um movimento desconstrutivo, reconstrutivo. Uma percepção do funcionamento da estrutura de pensamento. Implica uma dialética, transformação, modificação.

28) Epistemologia: como conhecer aquilo que se sabe. Investigação racional. Formas de acessar o conhecimento.

29) Reconstrução: retomar eventos passados. Recolocar percepções, verdades, ideias.

30) Análise indireta: busca propor alternativas, experimentações, para trabalhar problemáticas. Imaginar soluções para dores existenciais. Ensaios pessoais, tentativas de resolução.

31) Expressividade: trabalha com as possibilidades de a pessoa manter aquilo que é, na direção dos outros. Integração. Ser o que se é para si mesmo.

32) Princípios de verdade: padrões culturais. Envolve as percepções, ensinamentos da estrutura de pensamento social. Linguagem do meio onde a pessoa se exercita existencialmente.

5

Flora abriu a porta, foi logo falando:

– Quem vai me ajudar a pegar a lenha e acender o fogão? Vamos fazer uma pizza? Mão na massa!

Colocamos, de verdade, a mão na massa. Misturamos a farinha integral, água e ovo caipira, amassamos. O tomate foi afogado em alho e cebola, cozido com manjericão. O cheiro tomava conta da casa. A pizza se fazia. O vinho foi aberto, claro! A muçarela picada! Delícia! A mesa de madeira aguardava a toalha xadrez. Parecia uma taberna italiana aquela cozinha maravilhosa. A minha: *Em Direção às Ideias Complexas* foi esquecida... Mas, sentia a Deusa Deméter por perto! Não faltou salada de tomatinho com rúcula da horta, regada a azeite e queijo. Pão italiano picado em fatias. No fundo, uma música típica da Itália, cantada por Renato Russo. Melhor impossível! Brindamos a Dioniso! Brindamos a Mercúrio! Brindamos a Apolo! Os deuses estavam conosco.

Depois da sesta, retornamos à investigação dialógica, pontuamos alguns aspectos significativos na jornada do ser terapeuta.

Eu iniciei, perguntando:

– Quanto tempo de terapia é necessário?

– A Filosofia Clínica costuma levar de seis meses a dois anos. Pode ser uma terapia breve ou se estender. É singular. A Filosofia Clínica, em interseção com a Terapia Analítica, não tem fim determinado, a jornada do fazer a alma pode ser longa. Nem sempre a problemática inicial é aquilo que se trabalha. Interessante lembrar: ela poderá terminar ou ser interrompida em algum dos estágios, porém a individuação é interminável. Prefiro uma atividade longa, menos intensa. Em alguns momentos, a clínica poderá ser mais intensa, no caso de perdas, por exemplo. De tempos em tempos, é fundamental a avaliação do processo. Se a terapia não anda bem, é importante a discussão franca, honesta. Se a clínica não avança, além da conversa com um supervisor, pode ser ética a indicação de outro colega ao partilhante.

Continuei perguntando:

– Quanto à frequência nas sessões, local dos atendimentos, honorários?

Dessa vez Flora respondeu:

– Três boas perguntas. De uma a duas vezes por semana, mas, em casos especiais, como os momentos de crise, poderá acontecer numa frequência maior. O local poderá ser o consultório, um jardim, caminhando na beira da praia... Os honorários variam de terapeuta para terapeuta. Prefiro acertar essa questão conversando, de acordo com a realidade da pessoa, numa escala móvel. Importante combinar o tempo das férias, que é fundamental para o terapeuta. Um bom trabalho clínico não promove dependência, estimula autonomia. James Hall explica: "A maioria de nós, inconscientemente gostaria de pensar que é tão importante para seu analista, que este deveria atender quer se pague ou não, enquanto sabe conscientemente que a relação com analista é um acordo profissional e que o pagamento de honorário é apropriado". Em algumas situações considero que a pessoa não tem como pagar; no entanto, não deixamos de atendê-la por não ter recursos. Cobrar, quando o partilhante falta às sessões, penso ser devido, pois aquele horário foi especialmente reservado a ele. É de bom-tom a confirmação do horário com 24 ou 48 horas de antecedência, pois o terapeuta poderá agendar outra pessoa, planejar seu tempo. Tudo isso faz parte do contrato terapêutico, o qual, normalmente, acontece na segunda ou terceira sessão. No primeiro encontro, a pessoa sente necessidade de expor a questão inicial, a motivação para buscar ajuda. Muitas querem saber o valor já na primeira sessão, porém a experiência tem mostrado ser o segundo ou terceiro encontro o melhor momento para se estabelecer o contrato verbal da relação.

Lucas tomou a palavra e prosseguiu dizendo, sobre a prática clínica:

– A responsabilidade do terapeuta e do partilhante deve ser bem descrita no início do processo. Chamo isso de "combinação". Ambos estarem presentes à hora acertada, num determinado dia e local. Dar preferência a um mesmo horário, para haver um vínculo. Pedir, quando for importante, para a pessoa registrar sonhos, lembranças, desenhar... Lembrando se tratar de um trabalho analítico, precisa haver comprometimento. Importante lembrar o dado de semiose de cada um. Orientar a pessoa para o sigilo do material terapêutico, pois o contexto da atividade clínica diz respeito aos envolvidos no processo. Outro aspecto relevante, durante o processo, é a transformação que costuma acontecer de lado a lado da interseção. Aqui remetemos ao mito de Quíron, o curador ferido, mestre de Asclépio. Antes de auxiliarmos alguém, pode ser importante ter vivenciado suas próprias feridas. "A cura das feridas dos outros produz efeito terapêutico recíproco nas próprias lesões dolorosas daquele que cura", diz James Hall. Lembrando o sentido do termo "cura", o qual, na linguagem analítica, significa transformação.

Flora trouxe um café e pãezinhos de queijo bem quentinhos. Sentou-se, falou com calma e serenidade:

– Vou trazer um tema que acho fundamental pensarmos: as questões da vida, expostas com propriedade por James Hollis, em seu livro: *Nesta jornada que chamamos vida*. São temas que, assim como os partilhantes, precisamos trabalhar em nós: "Sob quais verdades eu estou vivendo minha vida, ou quais verdades estão me vivendo?" A partir daí pensar, refletir, analisar:

– Quais são meus padrões?

– Onde me sinto preso?

– Qual ansiedade surge quando completo alternativas?

– Que medos posso tirar da angústia muito vaga, porém paralisante?

– Qual dos temores pode se realizar?

– Posso suportar seu acontecimento?

– O que pode acontecer se eu não conseguir suportá-lo, ficar paralisado?

– Posso arriscar ser uma pessoa diferente? Essas e outras questões devemos nos colocar sempre que possível. Transformar dói e pode não ser fácil. Precisamos ir fundo na compreensão de nossos complexos, sombra, pantanais da alma. Buscar a compreensão de que não precisamos ser heróis, perfeitos ou donos da verdade. Entender nossos mitos pessoais. Por tudo isso o estudo da mitologia e dos contos de fadas pode ser fundamental. Com o Submodo Vice-conceito isso pode ser melhor compreendido, a natureza da linguagem simbólica, o alcance do referencial mítico.

De volta ao cotidiano

O sino da igreja tocou, lembrava ser meia-noite. Eu não era um príncipe, mas estava na hora de voltar para casa, retomar meu cotidiano. Aqueles dias foram encantados. Aprendi como há muito tempo não acontecia. Flora e Lucas foram mestres, amigos, filósofos, cuidadores para mim. Aprendi que ser terapeuta é uma jornada de amor. Uma construção compartilhada pelos participantes da clínica, um "fazer a alma" em direção ao si mesmo, desenvolver suas possibilidades existenciais.

Levantei para me despedir e agradecer. Antes que começasse a falar, Lucas abriu os braços com todo o carinho do mundo. Abraçamo-nos de verdade. Ele olhou dentro dos meus olhos e falou:

– Marcus, saiba que estamos aqui à sua disposição. Estamos juntos nessa jornada aprendiz. Sentimos que o ser terapeuta é uma jornada de muito estudo, escuta, dedicação e, sobretudo, amor. A gente sempre está começando. Nossa partilha é essencial, na incrível formação continuada que a vida oferece. Sem julgar, classificar, criticar, acolhendo a realidade do ser singular. Buscando uma simplicidade aberta às novas experiências. Exercitar a solidariedade, trabalhar nossas questões pessoais de acordo com a historicidade. Estamos juntos, amigo!

Meus olhos lacrimejaram. Eu sentia no coração e na alma as palavras benditas. Sentia minha grande responsabilidade dali para frente. Foi quando Flora se levantou com toda doçura amiga. Dizendo:

– Querido Marcus, essa casa é sua também. Eu estando aqui ou não, entre. Os livros, a cozinha, esperam por você. Essa chave é sua (ela me entregou a chave de sua casa). Não se preocupe com as críticas dos donos da verdade. Existem pessoas assim, se julgam melhores por seus pontos de vista. São armadilhas conceituais, pré-juízos que podem minar o caminho livre. Quem se sente escravo aprecia escravizar, criticar sem refletir. Lembre-se sempre que razão, emoção e os demais tópicos da Estrutura de Pensamento estão conectados, interagem como as asas de um pássaro. Consciente, inconsciente, racional, irracional, visível, invisível, andam juntos. Respeitando o caminho de cada um na busca pelo ser terapeuta. É muito pobre essa competição de alguns profissionais, querendo provar que sua teoria ou prática valem mais. Aprenda com todas elas, sempre será tempo de aprender novas linguagens cuidadoras, especificamente junto à história de vida do partilhante sob seus cuidados. Nesse encontro, focamos na Filosofia Clínica em interseção com a Terapia Analítica. Faça sua escolha e tente manter sua expressividade clínica. Nossa partilha é simples, sem arrojo acadêmico, intelectual, tentamos falar-lhe de coração para coração. Trata-se de uma iniciação motivacional. Mas você, como nós, que ama os pensadores, use e abuse deles, da literatura, música, teatro, cinema, ingredientes que podem qualificar suas buscas por um treinamento clínico. Esse estudo não acaba aqui. Seguimos juntos, amigo!

Não tive como esconder as lágrimas! A emoção era grande demais. A velha sábia me tocou desde o primeiro minuto. Suas falas, seus sabores, seu jeito simples de ser me cativaram. Foi assim que, rouco, disse algumas palavras:

– Flora e Lucas, queridos. Encontrei em vocês a força e inspiração para prosseguir meu caminho. Minha autogenia aconteceu pela interseção da epistemologia, axiologia e a busca de compreender a razão das coisas, dos meus sentimentos, me dirigia a singularidade – fiz uma pausa e ri. – Penso ter iniciado o aprendizado da Filosofia Clínica. Sei que será grande a minha jornada de "fazer a alma", me tornar um terapeuta de verdade. Para mim ficou claro o significado da disponibilidade de vocês. Num tempo em que a maioria só pensa em si mesma. Voltarei sempre aqui. Flora, quero aprender muito mais sobre o caminho profundo da análise, você me aceita como aluno, sem pressa de terminar? Pode me matricular, Lucas, desejo começar essa semana o Curso de Filosofia Clínica. Sei que minha prática cuidadora vai ganhar muito. Obrigado. Vou, mas volto, voltarei sempre. Agora sinto saber a verdade sobre a jornada do ser terapeuta: amar! Amo vocês!

Abraçamo-nos. Seguiu cada um para seu caminho. Um processo sem fim se iniciava... De muito, muito amor! De volta ao cotidiano vivencial e clínico de vir a ser e se fazer no mundo!

Indicações de leitura

AIUB, M. *Para entender a Filosofia Clínica* – O apaixonante exercício do filosofar. São Paulo: WAK, 2005.

_____. *Sensorial e abstrato*. São Paulo: Apafic, 2000.

AROLDEL-ROHAULT, M. *Exercícios filosóficos*. São Paulo: Martins Fontes, 2000.

CARVALHO, J.M. *Filosofia Clínica e humanismo*. São Paulo: Ideias & Letras, 2012.

_____. *Filosofia Clínica*: estudos de fundamentação. São João Del Rei: UFSJ 2005.

FEARN, N. *Filosofia*: novas respostas para antigas questões. Rio de Janeiro: Zahar, 2007.

_____. *Aprendendo a filosofar em 25 lições*: do poço de Tales à desconstrução de Derrida. Rio de Janeiro: Zahar, 2004.

FERRY, L. *Aprender a viver*. Rio de Janeiro: Objetiva, 2007.

FRANZ, M.-L. *Psicoterapia*. São Paulo: Paulus, 1999.

GOYA, W. *A escuta e o silêncio*. [s.l.]: UCG, 2008.

HALL, J.A. *A experiência junguiana*: análise e individuação. São Paulo: Cultrix, 1988.

HILLMAN, J. & VENTURA, M. *Cem anos de Psicoterapia* – E o mundo está sempre pior. São Paulo: Summus, 1995.

HOLLIS, J. *A passagem do meio*: da miséria ao significado na meia-idade. São Paulo: Paulus, 1995.

JUNG, C.G. *A prática da Psicoterapia* – Contribuições ao problema da psicoterapia e à Psicologia da Transferência. Petrópolis: Vozes, 1985.

_____. *Memórias, sonhos, reflexões*. Rio de Janeiro: Nova Fronteira, 1962.

KRAUSE, I. *A arte de compartilhar*. Porto Alegre: Evangraf, 2007.

LELOUP, J.-Y. *Cuidar do Ser* – Fílon e os Terapeutas de Alexandria. Petrópolis: Vozes, 1996.

PACKTER, L. *Passeando pela vida*. Florianópolis: Garapavu, 1999.

_____. *Filosofia Clínica* – Propedêutica. Porto Alegre: AGE, 1997.

_____. *Aspectos matematizáveis em clínica*. Porto Alegre: Instituto Packter, 1997.

_____. *Armadilhas conceituais*. Porto Alegre: Instituto Packter, 1997.

_____. *Semiose*. Porto Alegre: Instituto Packter, 1997.

_____. *Buscas*: caminhos existenciais. Porto Alegre: Instituto Packter, 1997.

_____. *Cadernos de Filosofia Clínica*. Porto Alegre: Instituto Packter, [s.d.].

PAULO DI, M.N. & NIEDERAUER, M.Z. *Compêndio de Filosofia Clínica* – Caso Nina. São Paulo/Rio de Janeiro: Livre Expressão, 2013.

ROGERS, C. *Tornar-se pessoa*. 2. ed. Lisboa: Martins Fontes, 1961.

SILVA, M.F.A. *Contribuições de Wittgenstein à Filosofia Clínica*. São João Del Rey: UFSJ, 2005.

SOFISTE, J.G. *Sócrates e o ensino de Filosofia* – Investigação dialógica. Petrópolis: Vozes, 2007.

STRASSBURGER, H. *Pérolas imperfeitas* – Apontamentos sobre as lógicas do improvável. Porto Alegre: Sulina, 2012.

_____. *Filosofia Clínica* – Diálogos com a lógica dos excessos. Rio de Janeiro: E-Papers, 2009.

_____. *Filosofia Clínica*: poéticas da singularidade. Rio de Janeiro: E-papers, 2007.

TILLICH, P. *A coragem de Ser*. 3. ed. Rio de Janeiro: Paz e Terra, 1976.

CULTURAL

Administração
Antropologia
Biografias
Comunicação
Dinâmicas e Jogos
Ecologia e Meio Ambiente
Educação e Pedagogia
Filosofia
História
Letras e Literatura
Obras de referência
Política
Psicologia
Saúde e Nutrição
Serviço Social e Trabalho
Sociologia

CATEQUÉTICO PASTORAL

Catequese
   Geral
   Crisma
   Primeira Eucaristia

Pastoral
   Geral
   Sacramental
   Familiar
   Social
   Ensino Religioso Escolar

TEOLÓGICO ESPIRITUAL

Biografias
Devocionários
Espiritualidade e Mística
Espiritualidade Mariana
Franciscanismo
Autoconhecimento
Liturgia
Obras de referência
Sagrada Escritura e Livros Apócrifos

Teologia
   Bíblica
   Histórica
   Prática
   Sistemática

VOZES NOBILIS

Uma linha editorial especial, com importantes autores, alto valor agregado e qualidade superior.

REVISTAS

Concilium
Estudos Bíblicos
Grande Sinal
REB (Revista Eclesiástica Brasileira)
SEDOC (Serviço de Documentação)

VOZES DE BOLSO

Obras clássicas de Ciências Humanas em formato de bolso.

PRODUTOS SAZONAIS

Folhinha do Sagrado Coração de Jesus
Calendário de Mesa do Sagrado Coração de Jesus
Agenda do Sagrado Coração de Jesus
Almanaque Santo Antônio
Agendinha
Diário Vozes
Meditações para o dia a dia
Encontro diário com Deus
Dia a dia com Deus
Guia Litúrgico

CADASTRE-SE
www.vozes.com.br

EDITORA VOZES LTDA.
Rua Frei Luís, 100 – Centro – Cep 25689-900 – Petrópolis, RJ
Tel.: (24) 2233-9000 – Fax: (24) 2231-4676 – E-mail: vendas@vozes.com.br

UNIDADES NO BRASIL: Belo Horizonte, MG – Brasília, DF – Campinas, SP – Cuiabá, MT
Curitiba, PR – Florianópolis, SC – Fortaleza, CE – Goiânia, GO – Juiz de Fora, MG
Manaus, AM – Petrópolis, RJ – Porto Alegre, RS – Recife, PE – Rio de Janeiro, RJ
Salvador, BA – São Paulo, SP